Geistliche Chorlieder
Vol. 1

Gerhard A. Spingath

250 Abend ward, bald kommt die Nacht

Rudolf Alexander Schröder

Gerhard A. Spingath

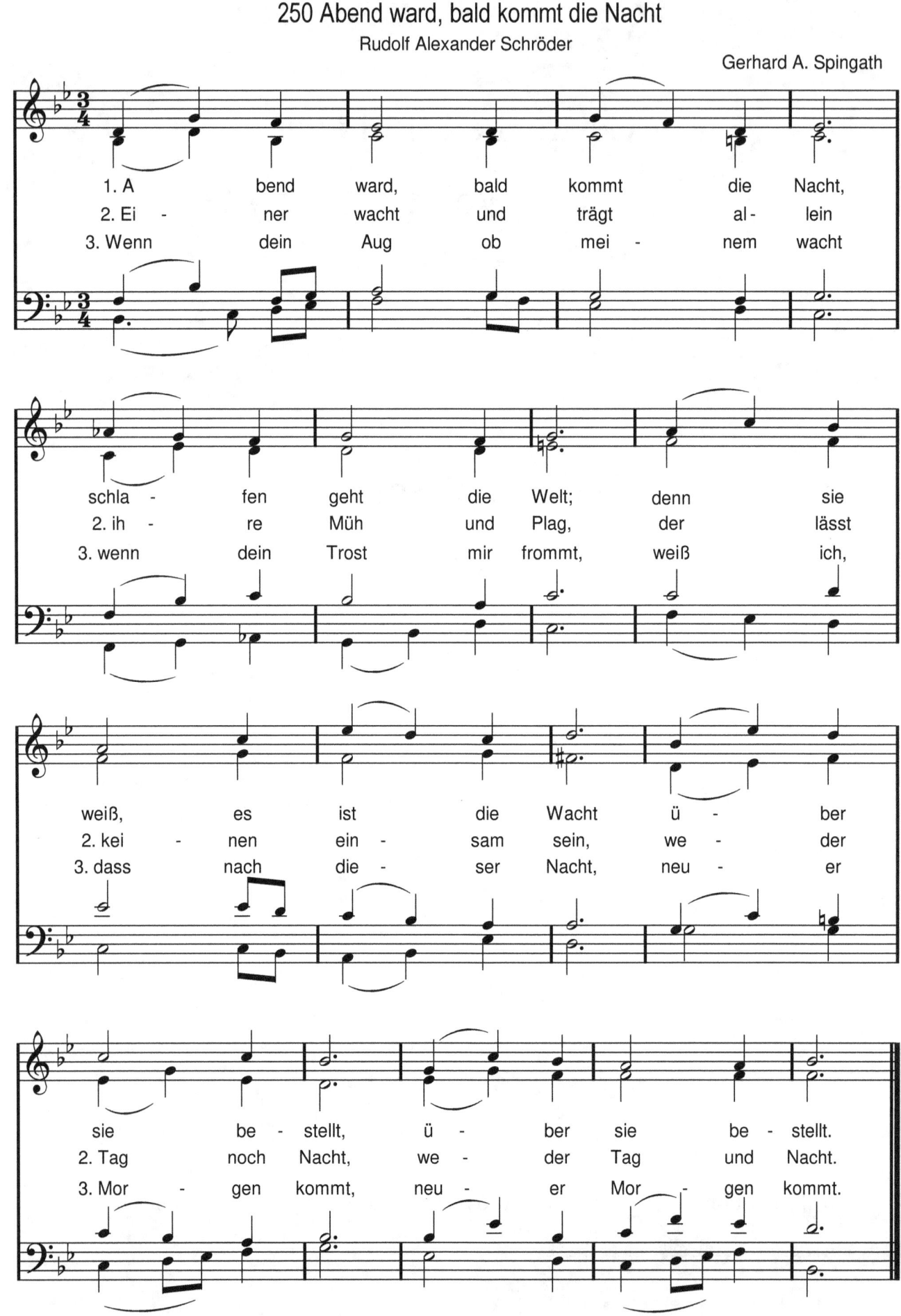

Aber Gott ist treu

1. Kor. 10, 13

Gerhard A. Spingath

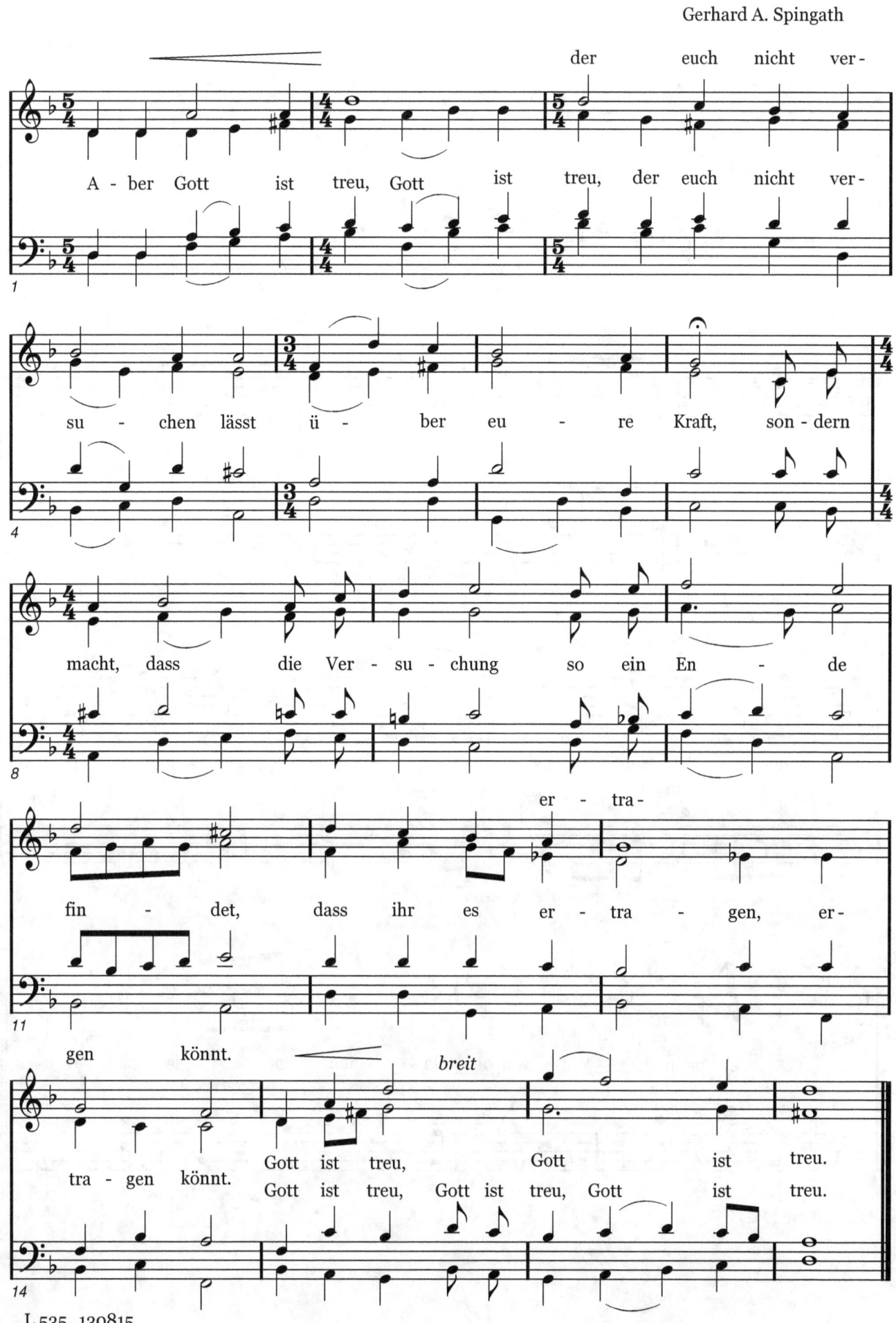

der euch nicht ver-
A - ber Gott ist treu, Gott ist treu, der euch nicht ver-

su - chen lässt ü - ber eu - re Kraft, son - dern

macht, dass die Ver - su - chung so ein En - de

er - tra -
fin - det, dass ihr es er - tra - gen, er-

gen könnt.
breit
Gott ist treu, Gott ist treu.
tra - gen könnt. Gott ist treu, Gott ist treu, Gott ist treu.

Aber der feste Grund Gottes besteht

2. Timotheus 2, 19

Gerhard A. Spingath

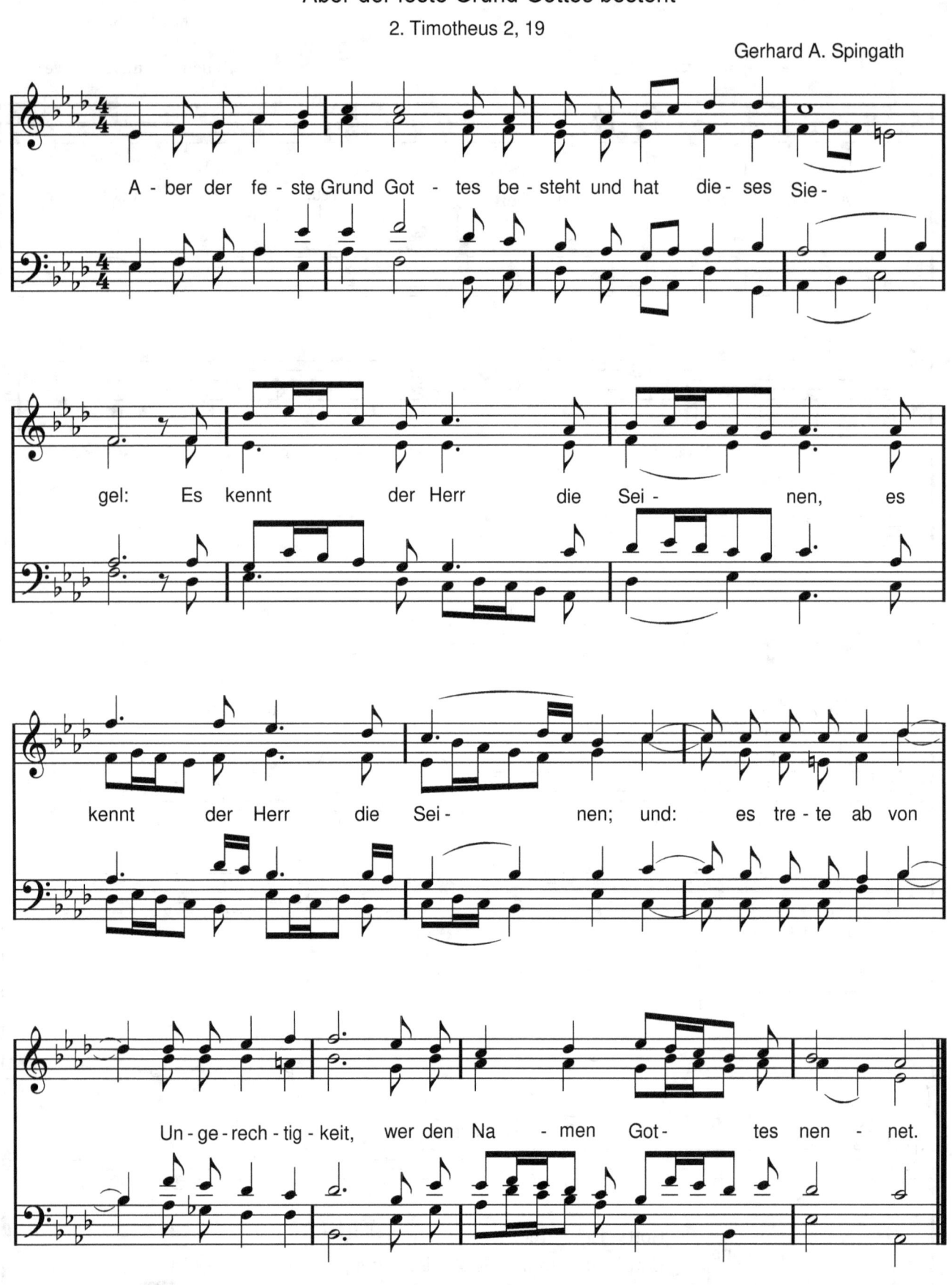

A - ber der fe - ste Grund Got - tes be - steht und hat die - ses Sie -

gel: Es kennt der Herr die Sei - nen, es

kennt der Herr die Sei - nen; und: es tre - te ab von

Un - ge - rech - tig - keit, wer den Na - men Got - tes nen - net.

Alles, was ich bin und habe

Text u. Musik : Gerhard A.Spingath

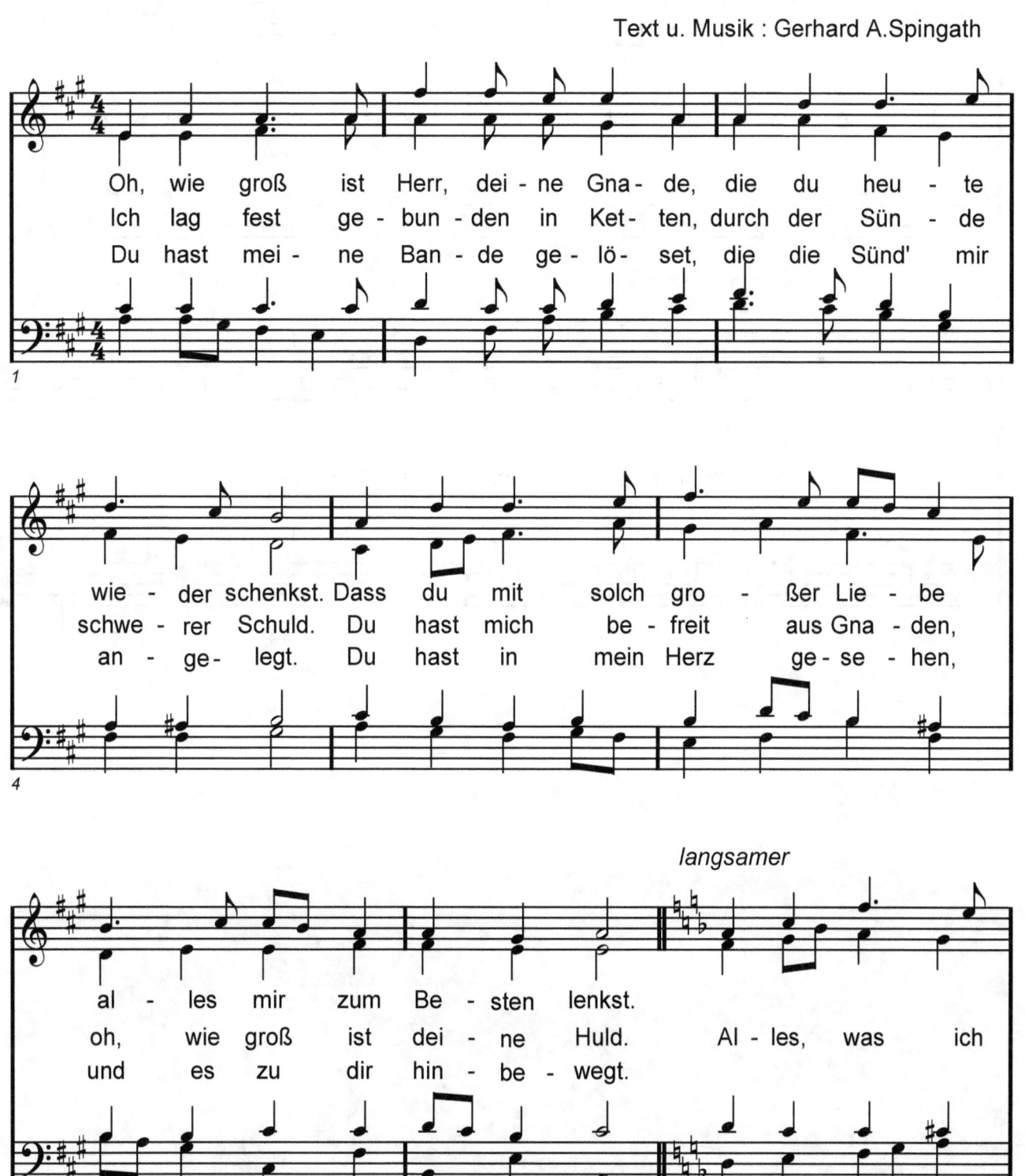

Oh, wie groß ist Herr, dei - ne Gna - de, die du heu - te
Ich lag fest ge - bun - den in Ket - ten, durch der Sün - de
Du hast mei - ne Ban - de ge - lö - set, die die Sünd' mir

wie - der schenkst. Dass du mit solch gro - ßer Lie - be
schwe - rer Schuld. Du hast mich be - freit aus Gna - den,
an - ge - legt. Du hast in mein Herz ge - se - hen,

langsamer

al - les mir zum Be - sten lenkst.
oh, wie groß ist dei - ne Huld. Al - les, was ich
und es zu dir hin - be - wegt.

631.2

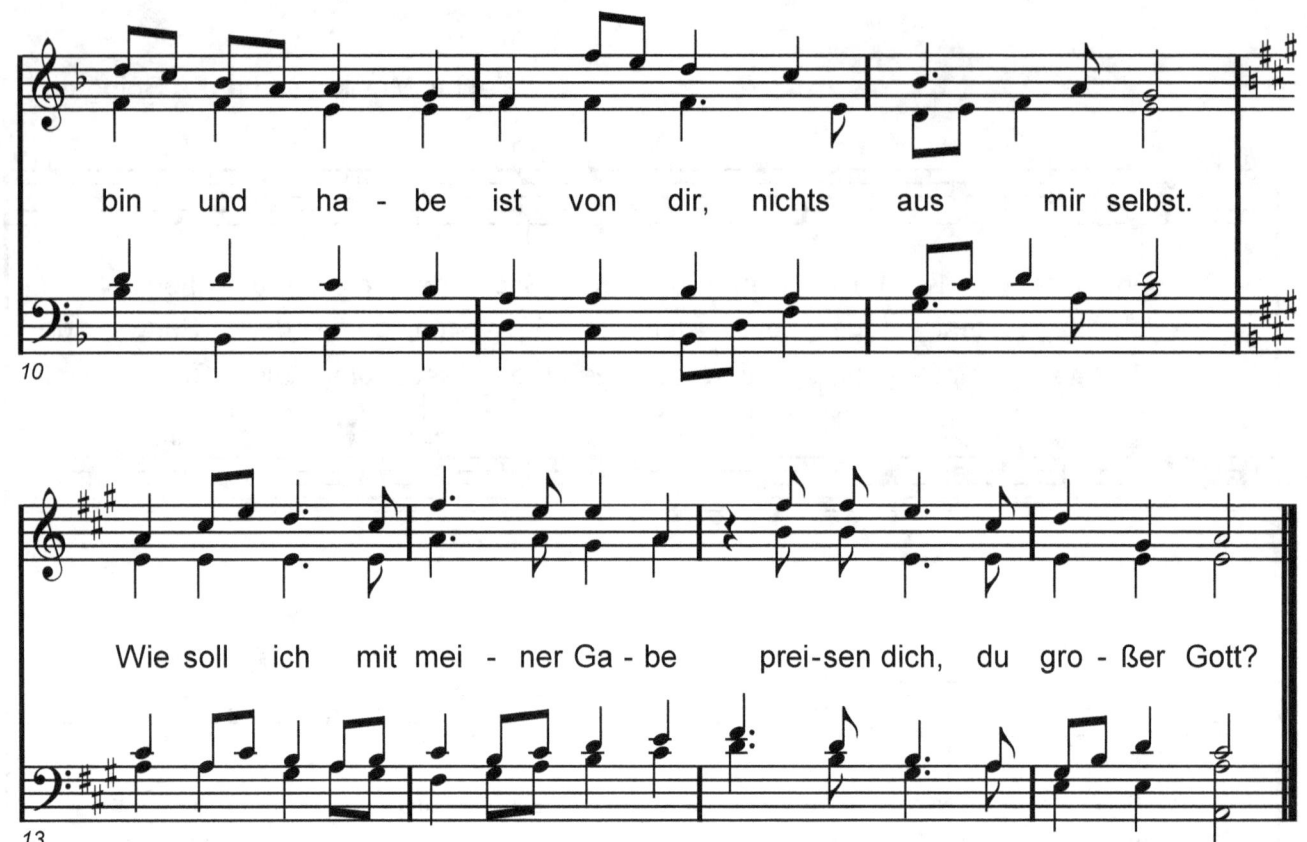

bin und ha - be ist von dir, nichts aus mir selbst.

Wie soll ich mit mei - ner Ga - be prei-sen dich, du gro - ßer Gott?

Allmächtiger Gott, wir beten dich an

Text u. Musik : Gerhard A. Spingath

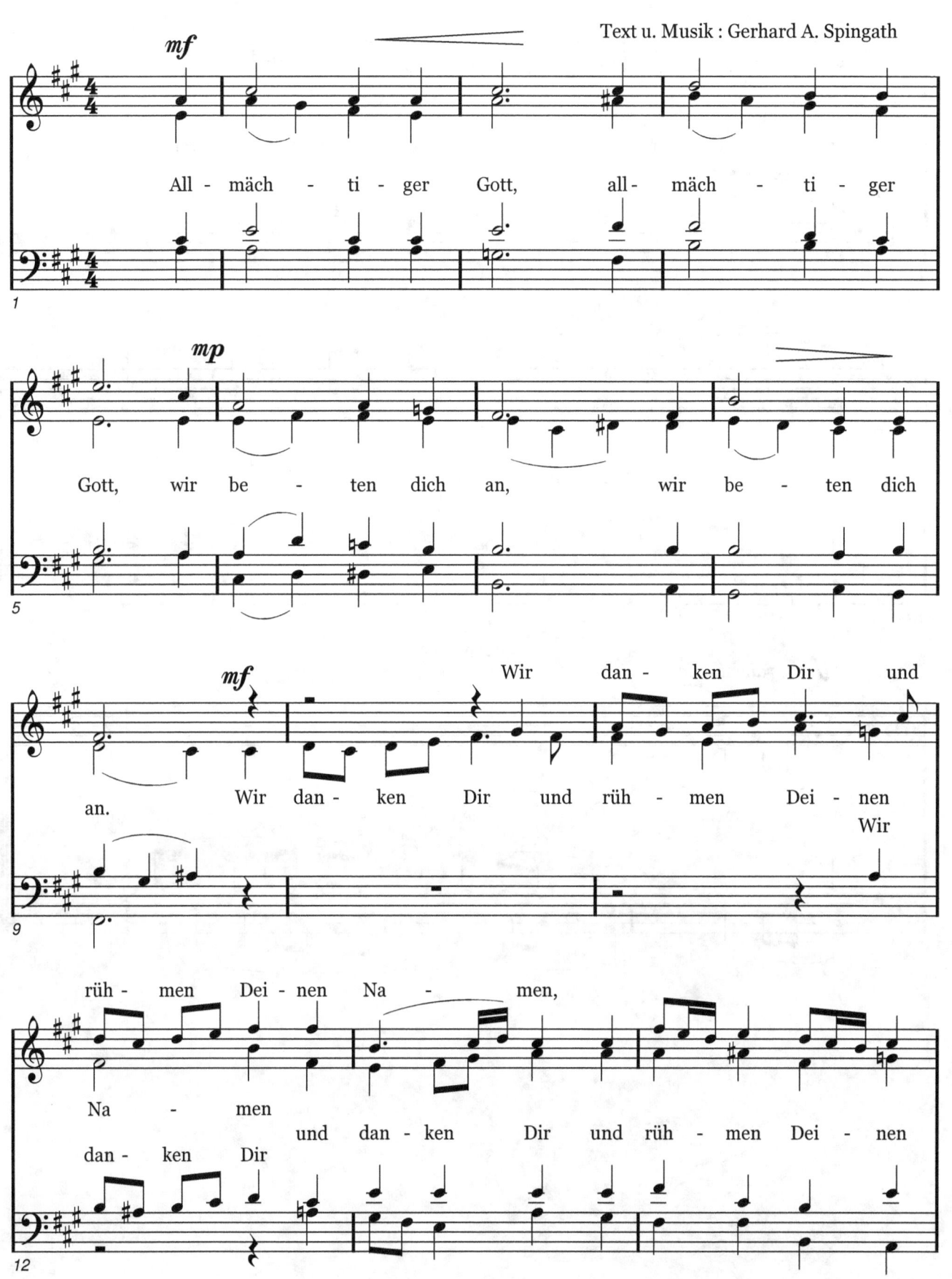

542.2

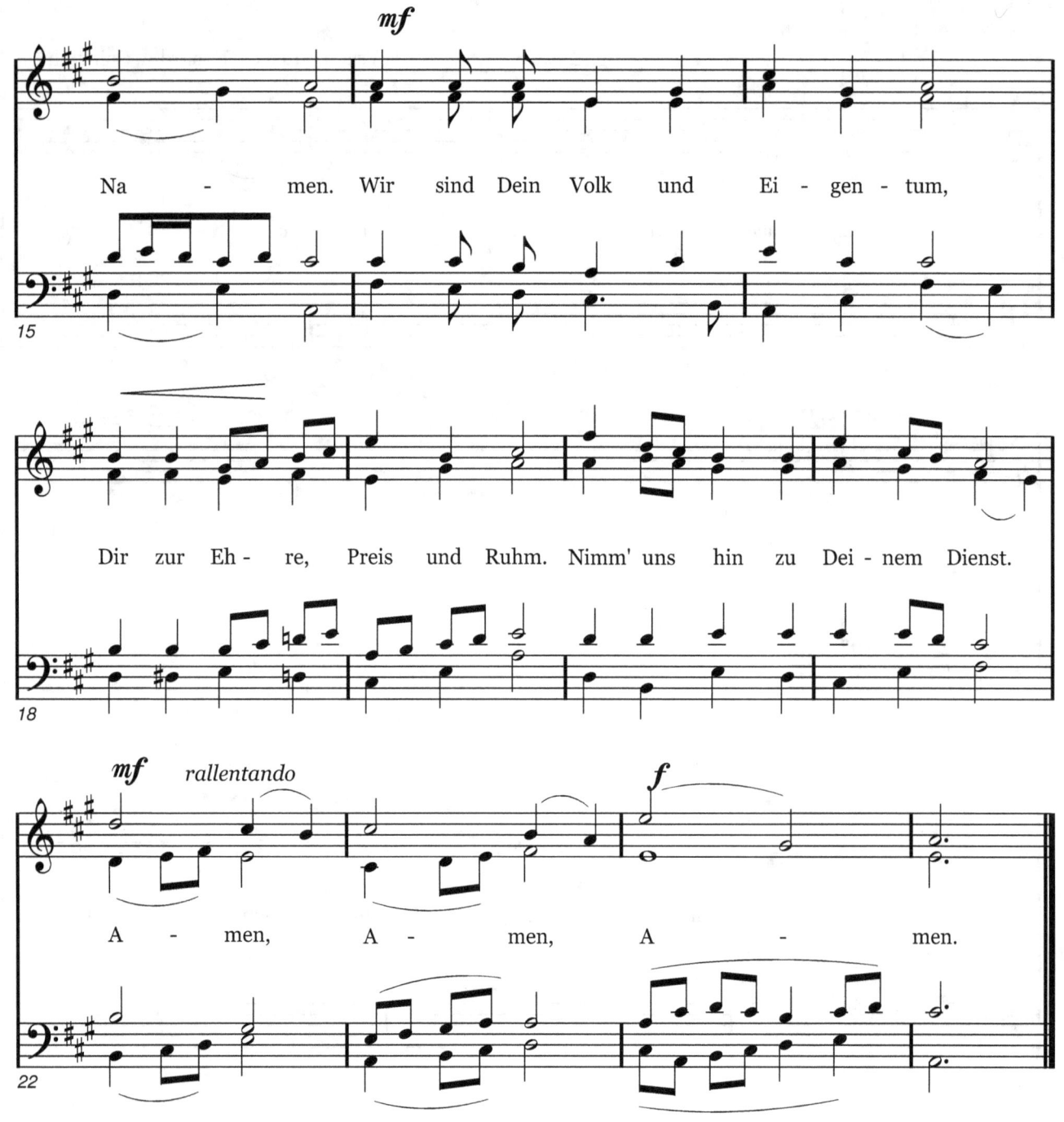

An den Wassern zu Babylon

nach Psalm 137

Gerhard A. Spingath

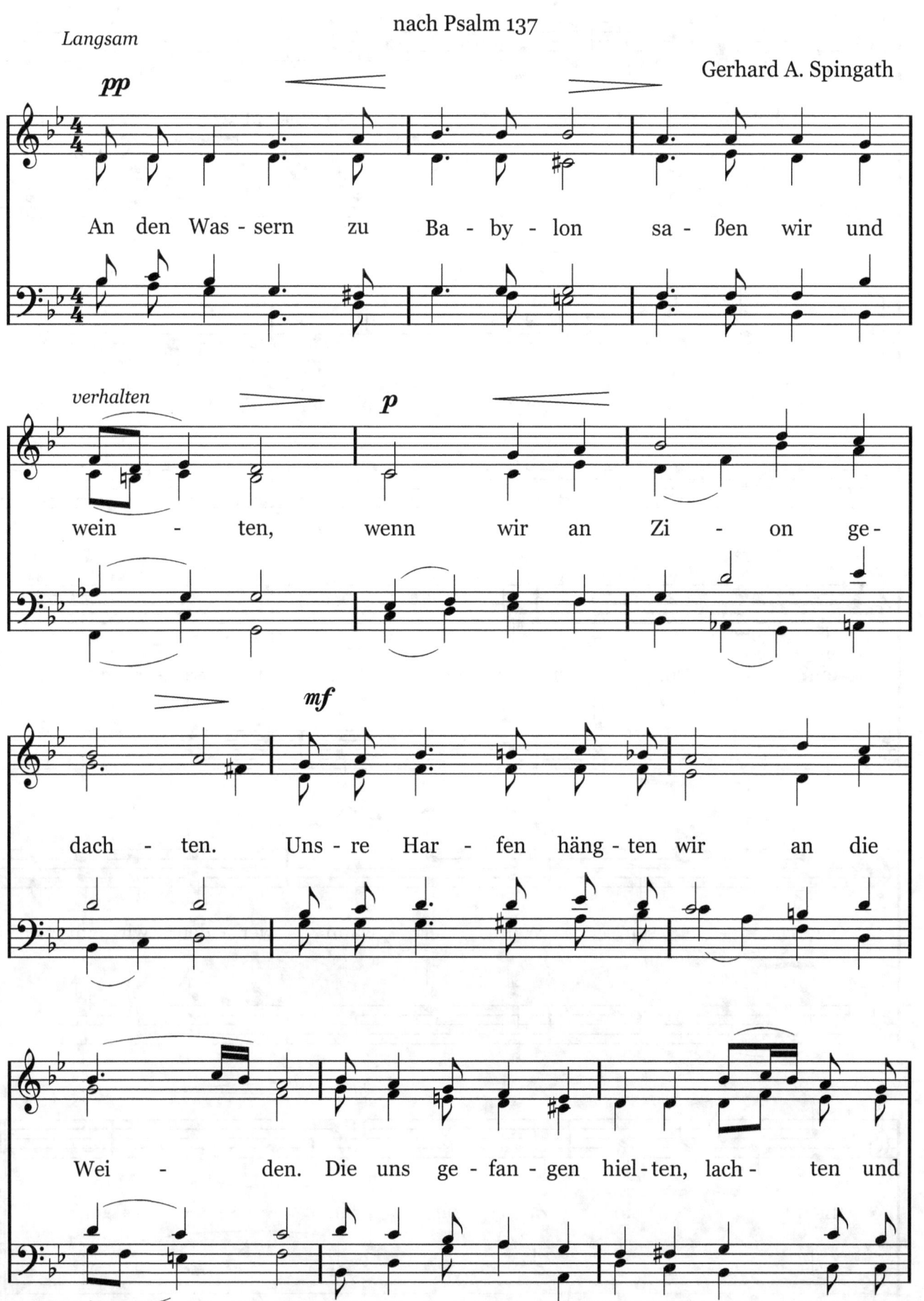

An den Was - sern zu Ba - by - lon sa - ßen wir und

wein - ten, wenn wir an Zi - on ge -

dach - ten. Uns - re Har - fen häng - ten wir an die

Wei - den. Die uns ge - fan - gen hiel - ten, lach - ten und

L 418_160613

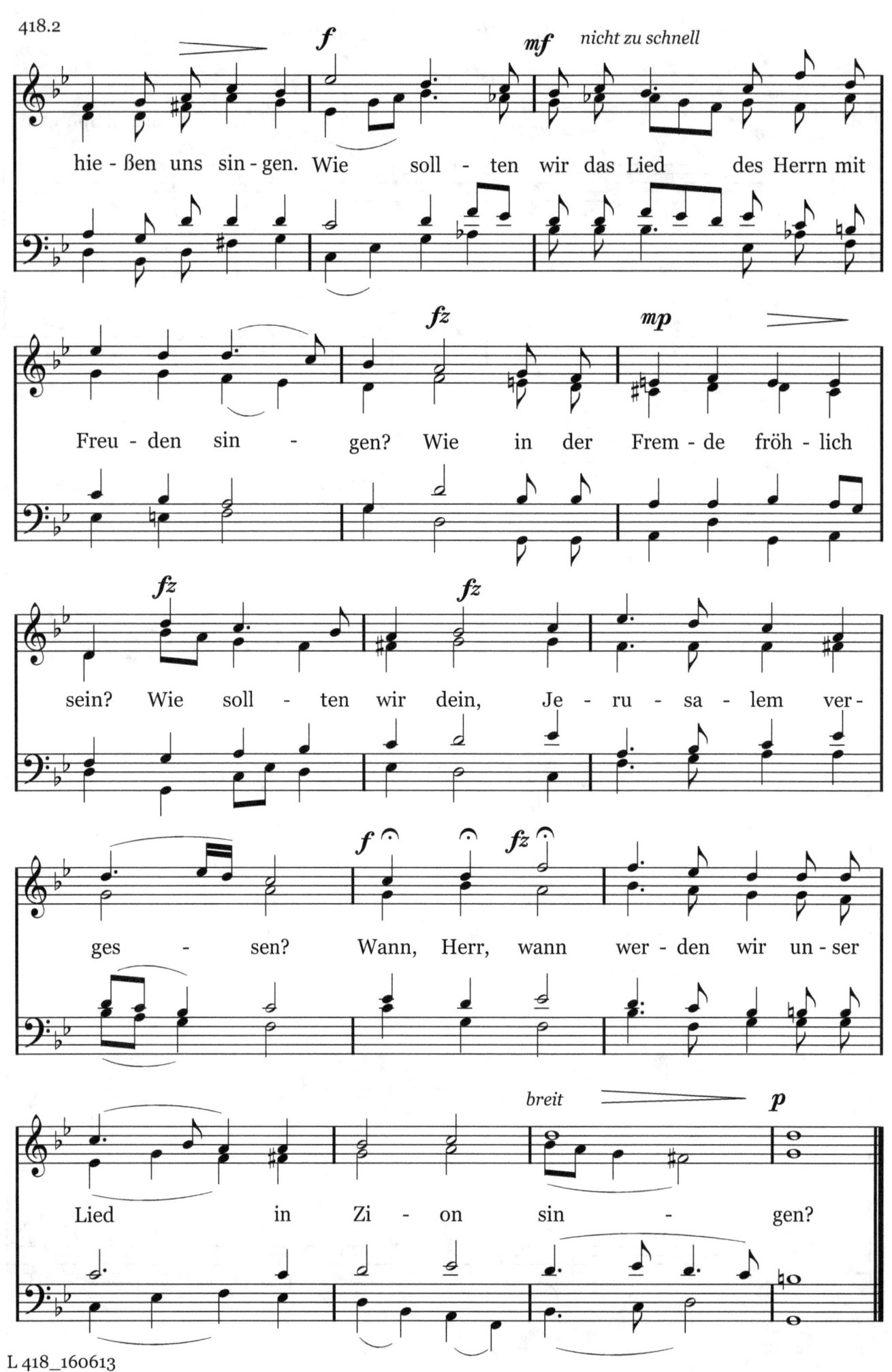

hie-ßen uns sin-gen. Wie soll-ten wir das Lied des Herrn mit

Freu-den sin - gen? Wie in der Frem-de fröh-lich

sein? Wie soll-ten wir dein, Je-ru-sa-lem ver-

ges - sen? Wann, Herr, wann wer-den wir un-ser

Lied in Zi - on sin - gen?

Aus dem Himmel ferne

Wilhelm Hey (1789 - 1854)

Kinderlied

ruhig

Gerhard A. Spingath

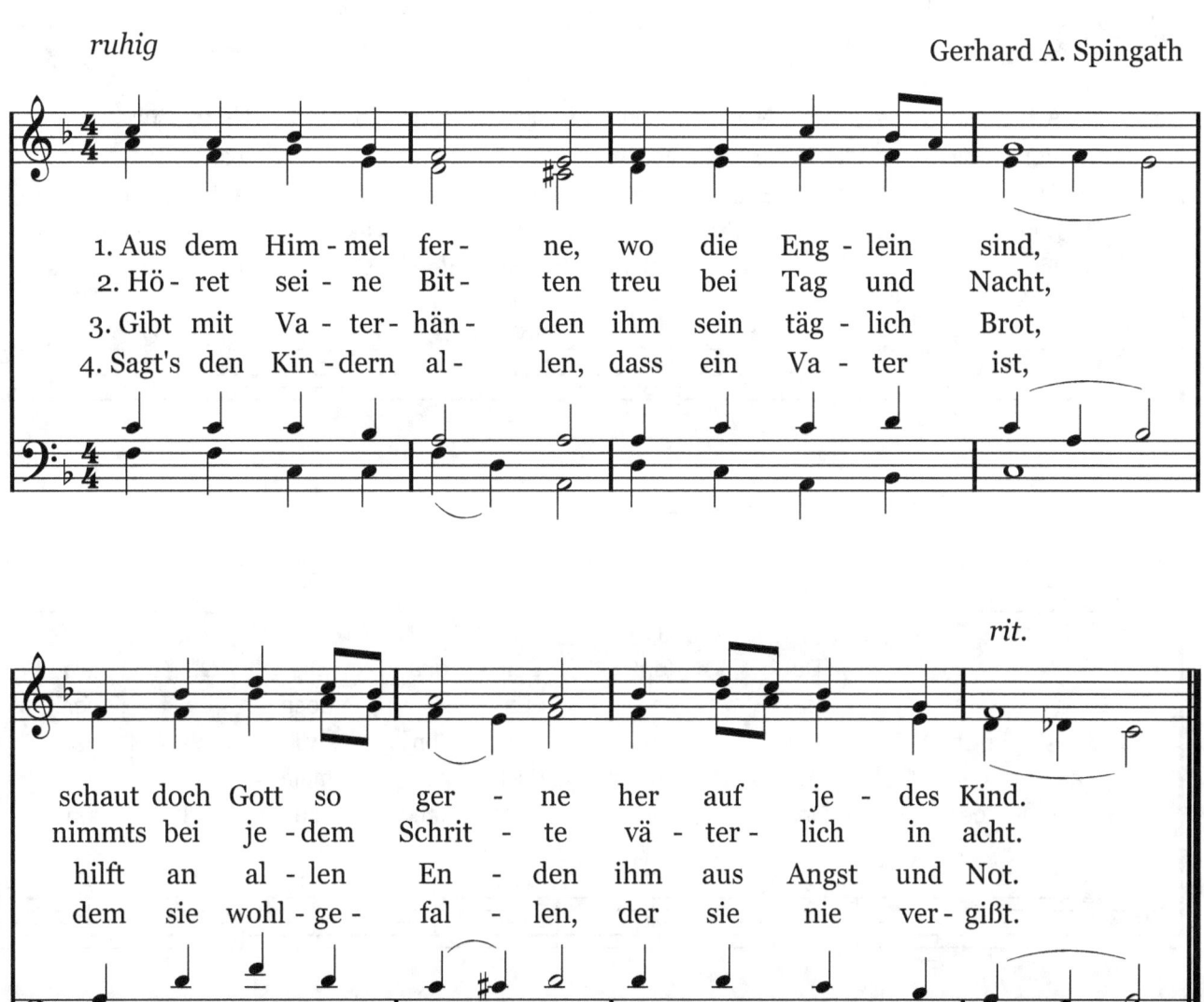

1. Aus dem Him - mel fer - ne, wo die Eng - lein sind,
2. Hö - ret sei - ne Bit - ten treu bei Tag und Nacht,
3. Gibt mit Va - ter - hän - den ihm sein täg - lich Brot,
4. Sagt's den Kin - dern al - len, dass ein Va - ter ist,

rit.

schaut doch Gott so ger - ne her auf je - des Kind.
nimmts bei je - dem Schrit - te vä - ter - lich in acht.
hilft an al - len En - den ihm aus Angst und Not.
dem sie wohl - ge - fal - len, der sie nie ver - gißt.

393 Aus tiefer Not

Martin Luther (n. Psalm 130)

Gerrhard A. Spingath

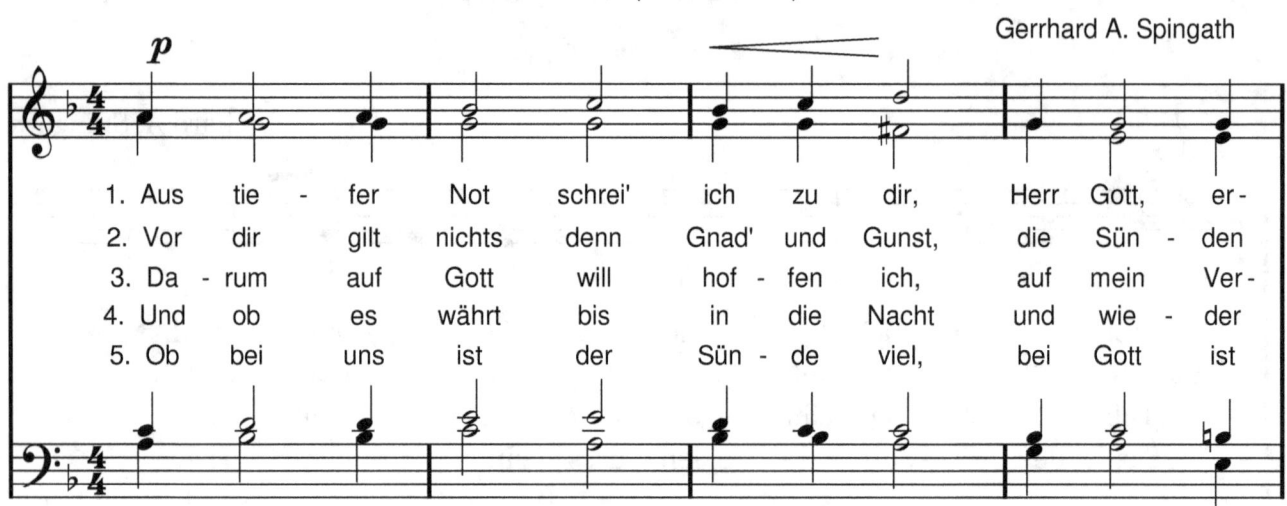

1. Aus tie - fer Not schrei' ich zu dir, Herr Gott, er -
2. Vor dir gilt nichts denn Gnad' und Gunst, die Sün - den
3. Da - rum auf Gott will hof - fen ich, auf mein Ver -
4. Und ob es währt bis in die Nacht und wie - der
5. Ob bei uns ist der Sün - de viel, bei Gott ist

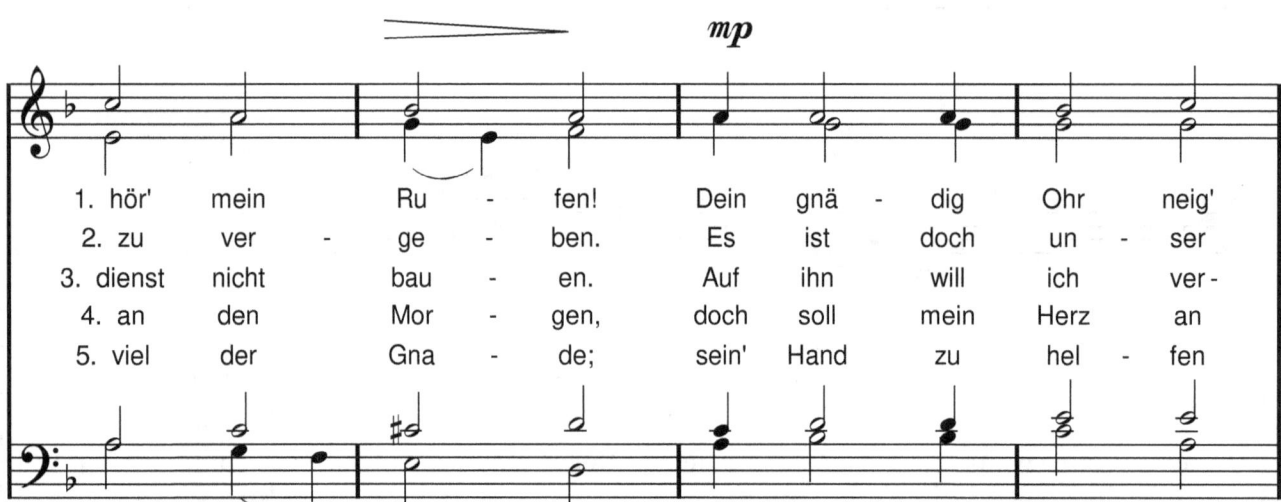

1. hör' mein Ru - fen! Dein gnä - dig Ohr neig'
2. zu ver - ge - ben. Es ist doch un - ser
3. dienst nicht bau - en. Auf ihn will ich ver -
4. an den Mor - gen, doch soll mein Herz an
5. viel der Gna - de; sein' Hand zu hel - fen

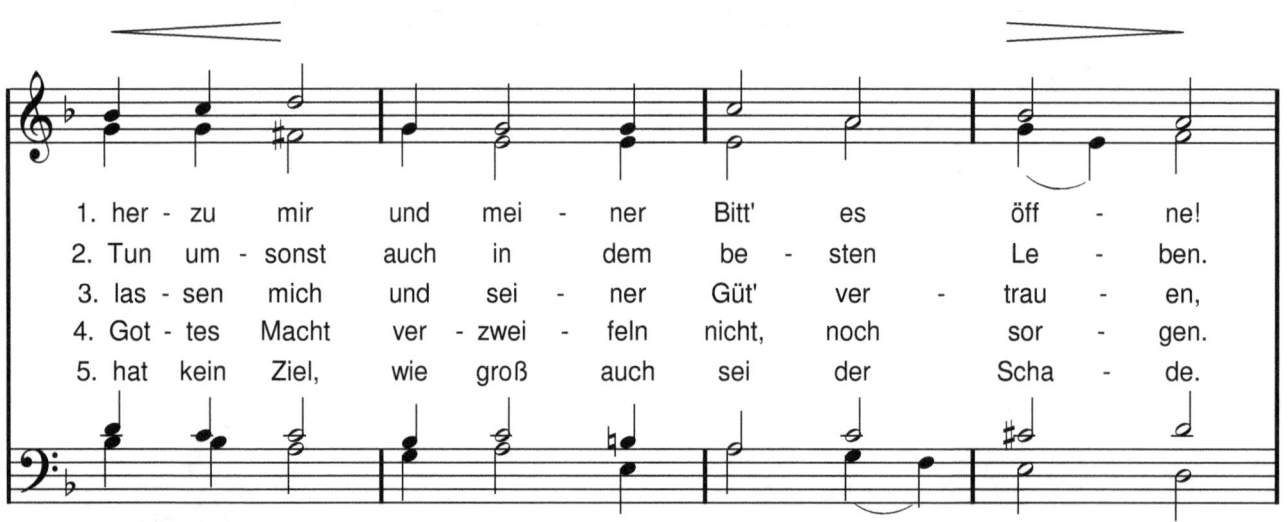

1. her - zu mir und mei - ner Bitt' es öff - ne!
2. Tun um - sonst auch in dem be - sten Le - ben.
3. las - sen mich und sei - ner Güt' ver - trau - en,
4. Got - tes Macht ver - zwei - feln nicht, noch sor - gen.
5. hat kein Ziel, wie groß auch sei der Scha - de.

393.2

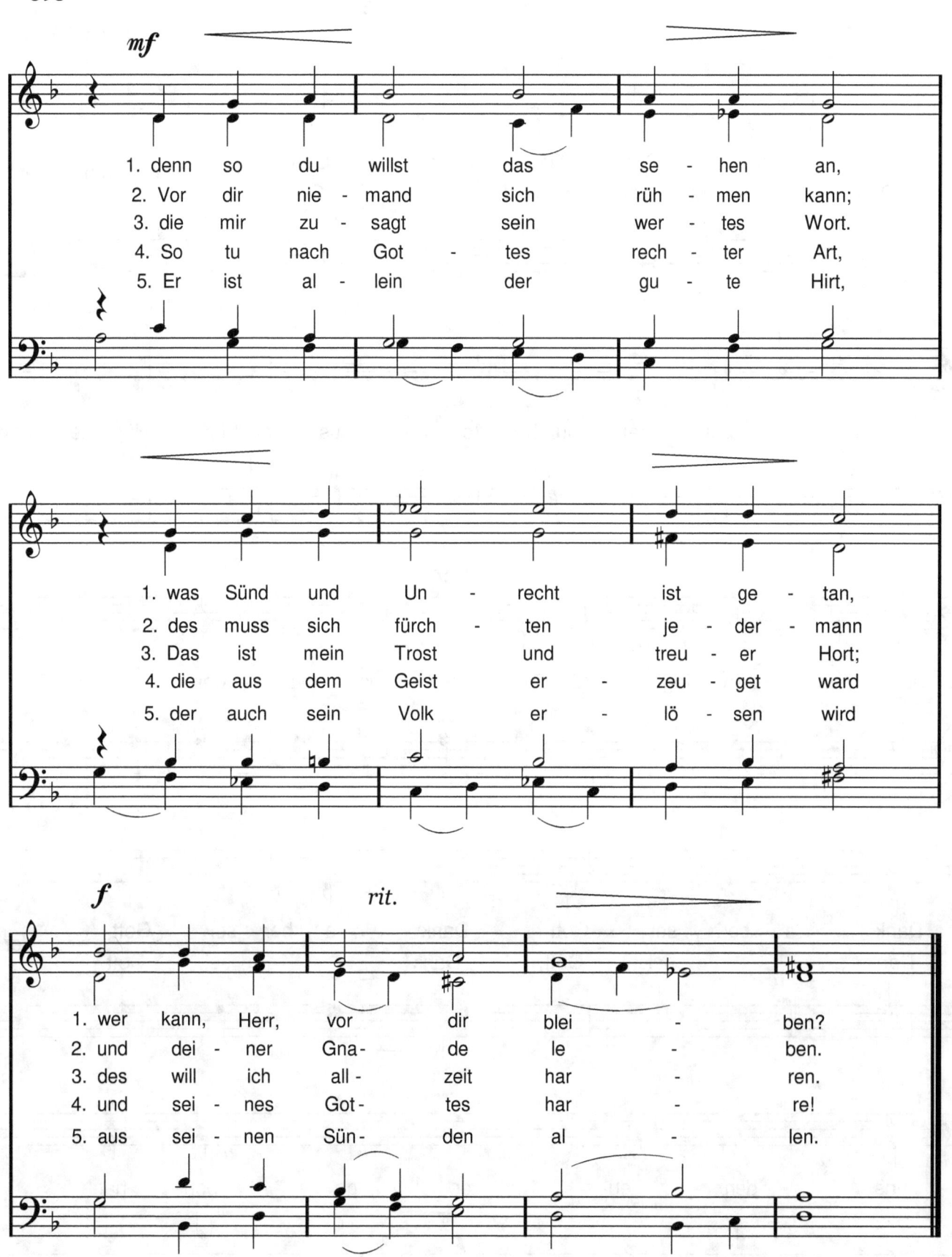

Dank, aber, sei Gott

nach 1. Korinth. 15, 55 - 57

Gerhard A. Spingath

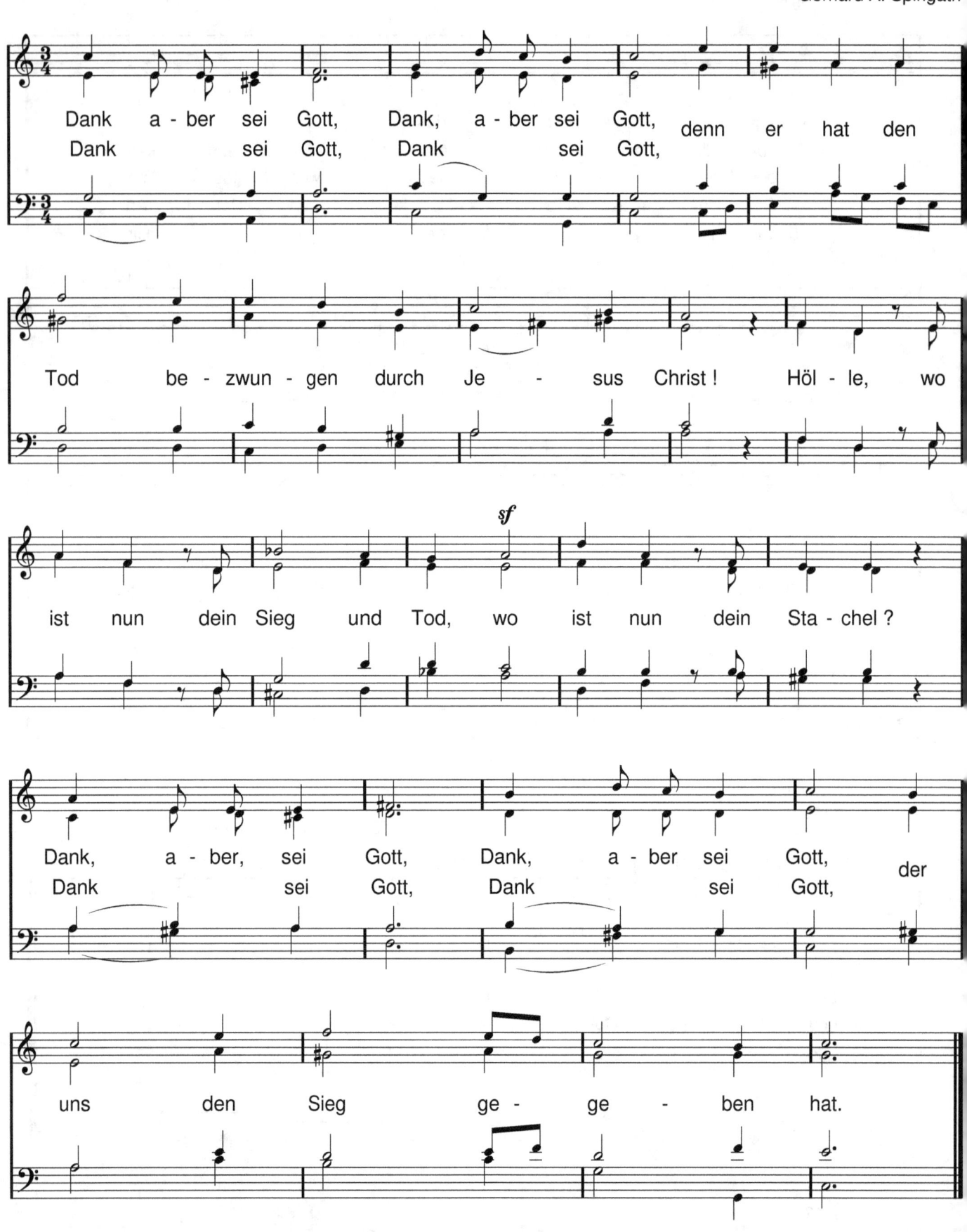

Dank a - ber sei Gott, Dank, a - ber sei Gott, denn er hat den
Dank sei Gott, Dank sei Gott,

Tod be - zwun - gen durch Je - sus Christ! Höl - le, wo

ist nun dein Sieg und Tod, wo ist nun dein Sta - chel?

Dank, a - ber, sei Gott, Dank, a - ber sei Gott, der
Dank sei Gott, Dank sei Gott,

uns den Sieg ge - ge - ben hat.

172 Danket dem Herrn

Psalm 107

Gerhard A. Spingath, op. 142

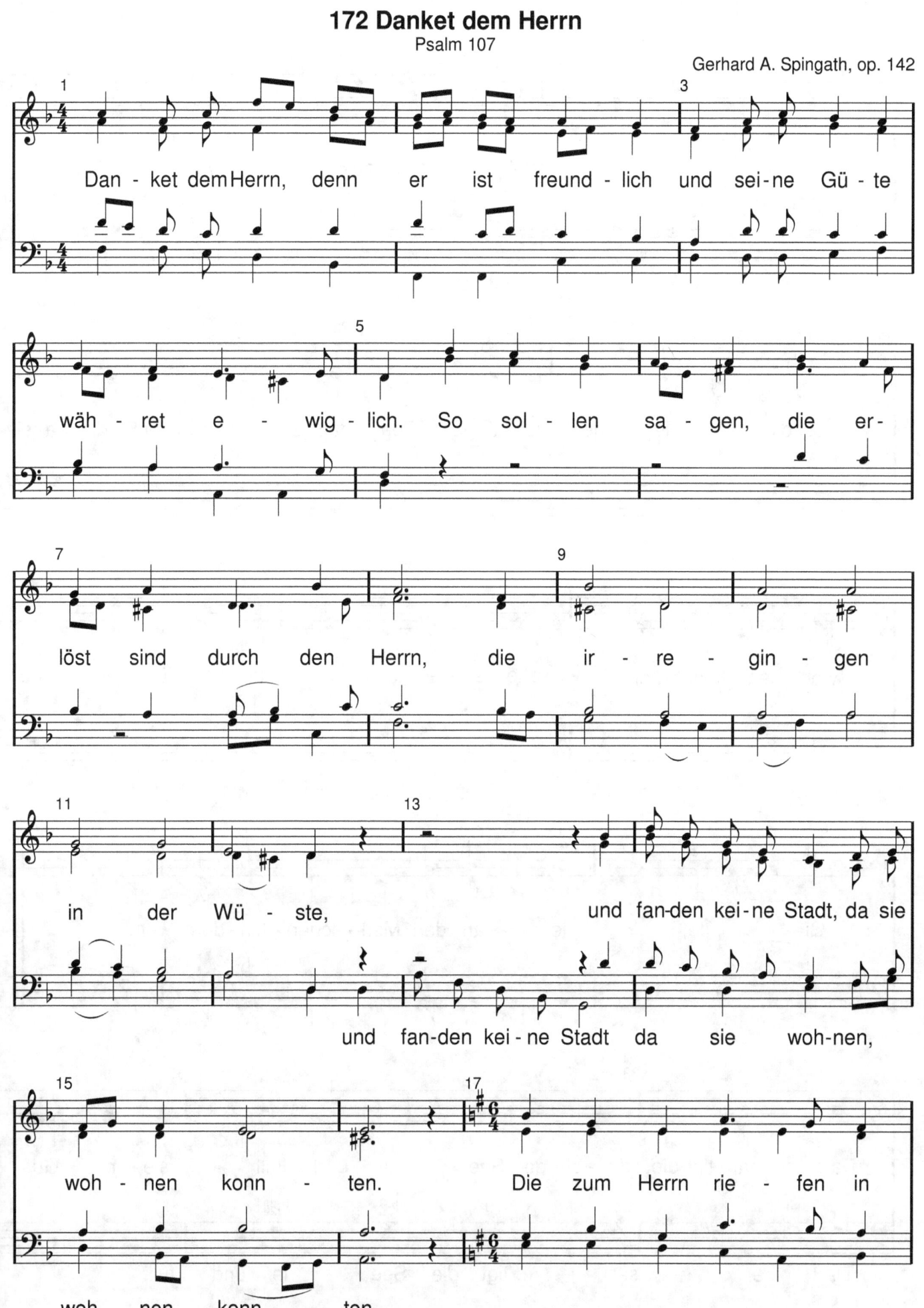

Dan - ket dem Herrn, denn er ist freund - lich und sei - ne Gü - te

wäh - ret e - wig - lich. So sol - len sa - gen, die er -

löst sind durch den Herrn, die ir - re - gin - gen

in der Wü - ste, und fan-den kei - ne Stadt, da sie

und fan-den kei - ne Stadt da sie woh-nen,

woh - nen konn - ten. Die zum Herrn rie - fen in

woh - nen konn - ten.

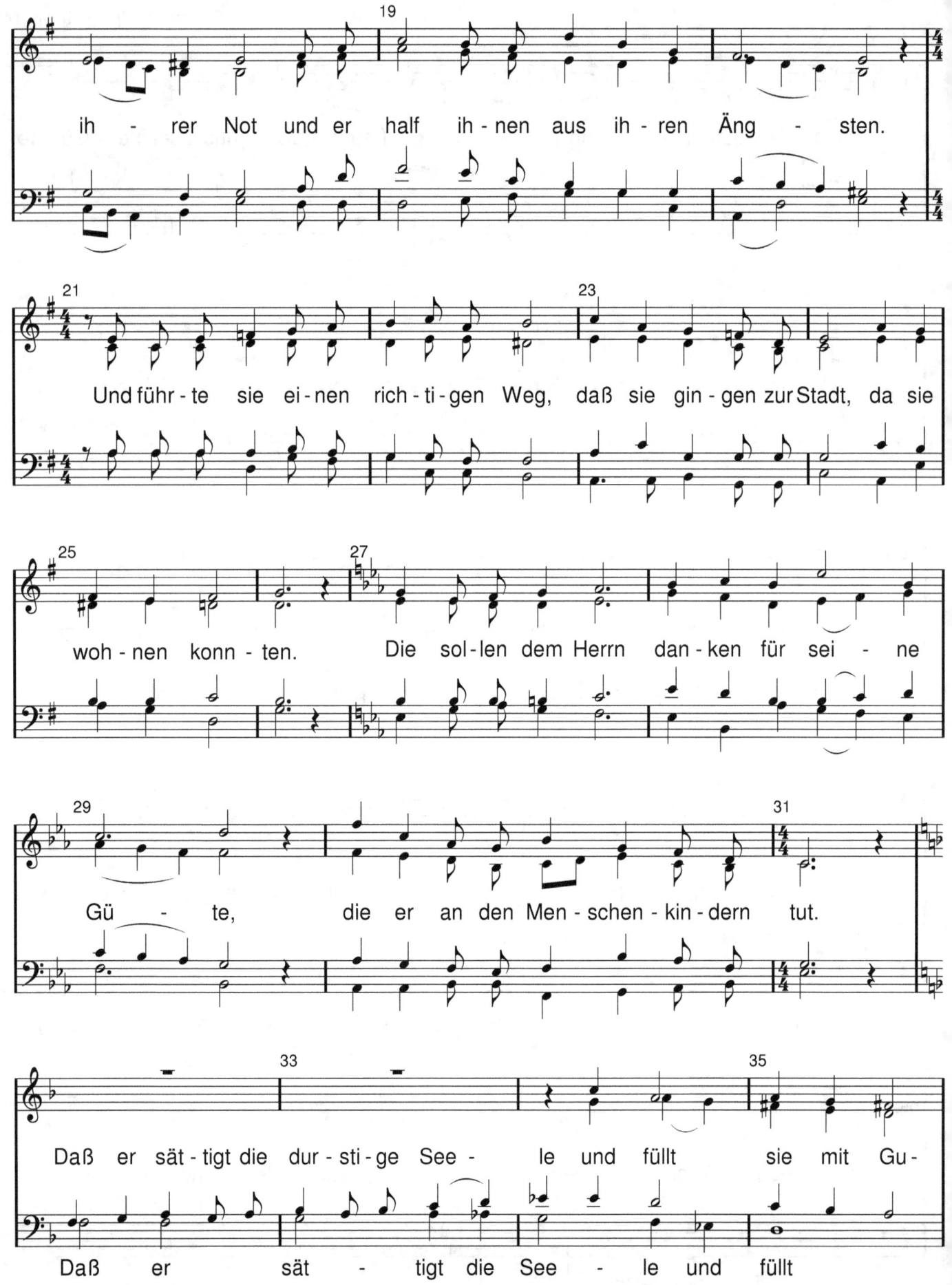

ih - rer Not und er half ih-nen aus ih-ren Äng - sten.

Und führ-te sie ei-nen rich-ti-gen Weg, daß sie gin-gen zur Stadt, da sie

woh-nen konn-ten. Die sol-len dem Herrn dan-ken für sei-ne

Gü - te, die er an den Men-schen-kin-dern tut.

Daß er sät-tigt die dur-sti-ge See - le und füllt sie mit Gu-

Daß er sät - tigt die See - le und füllt

172.3

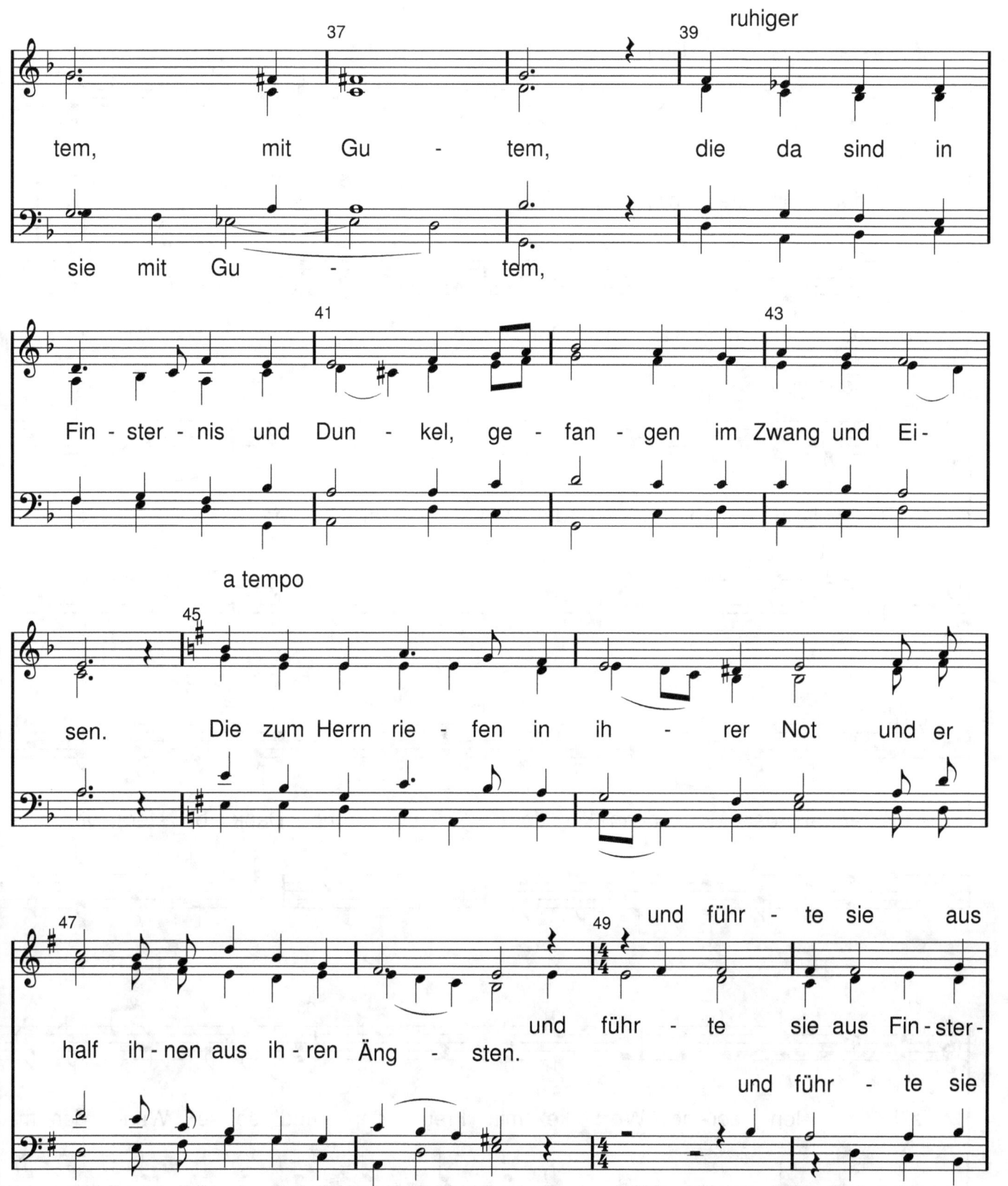

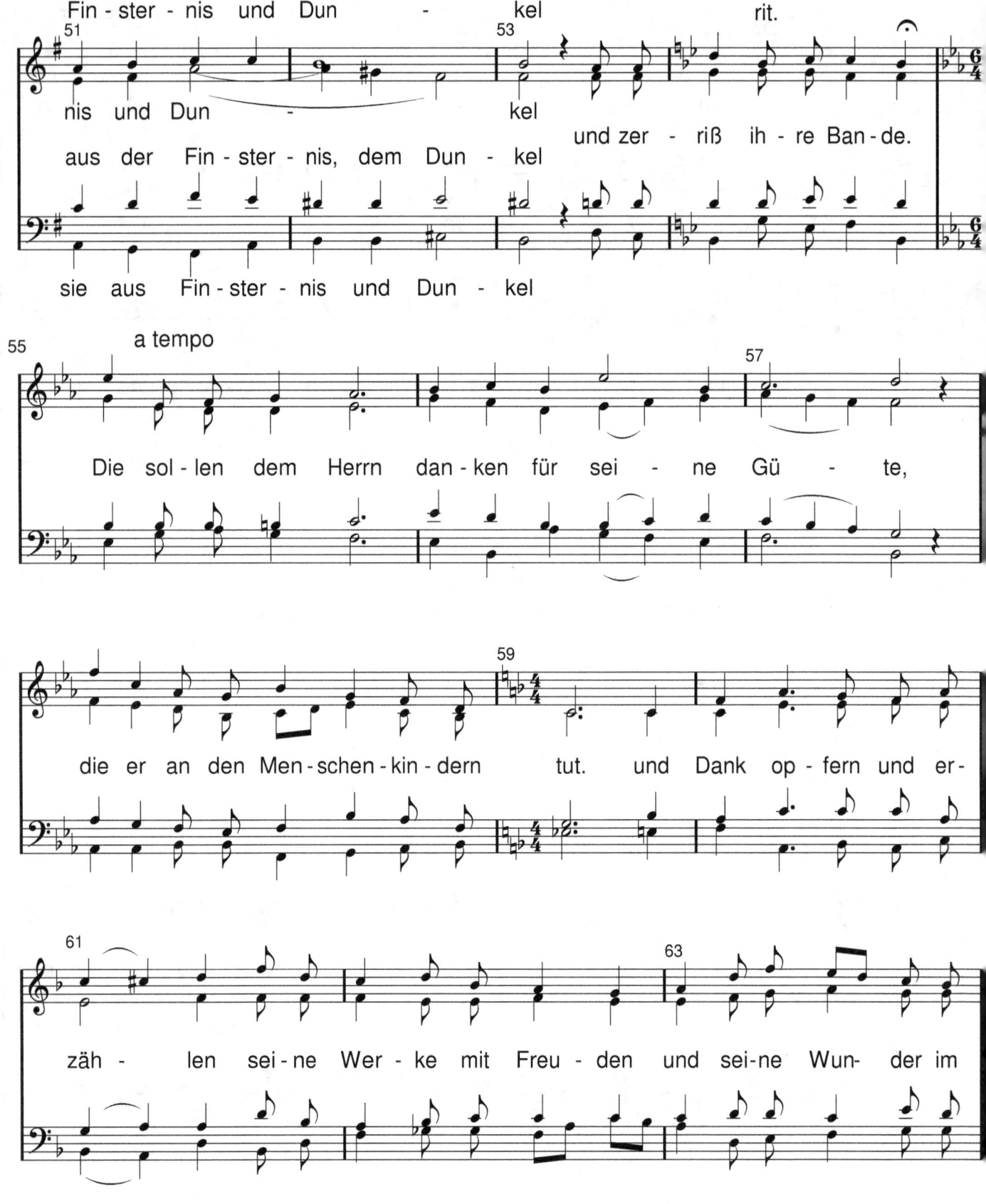

172.5

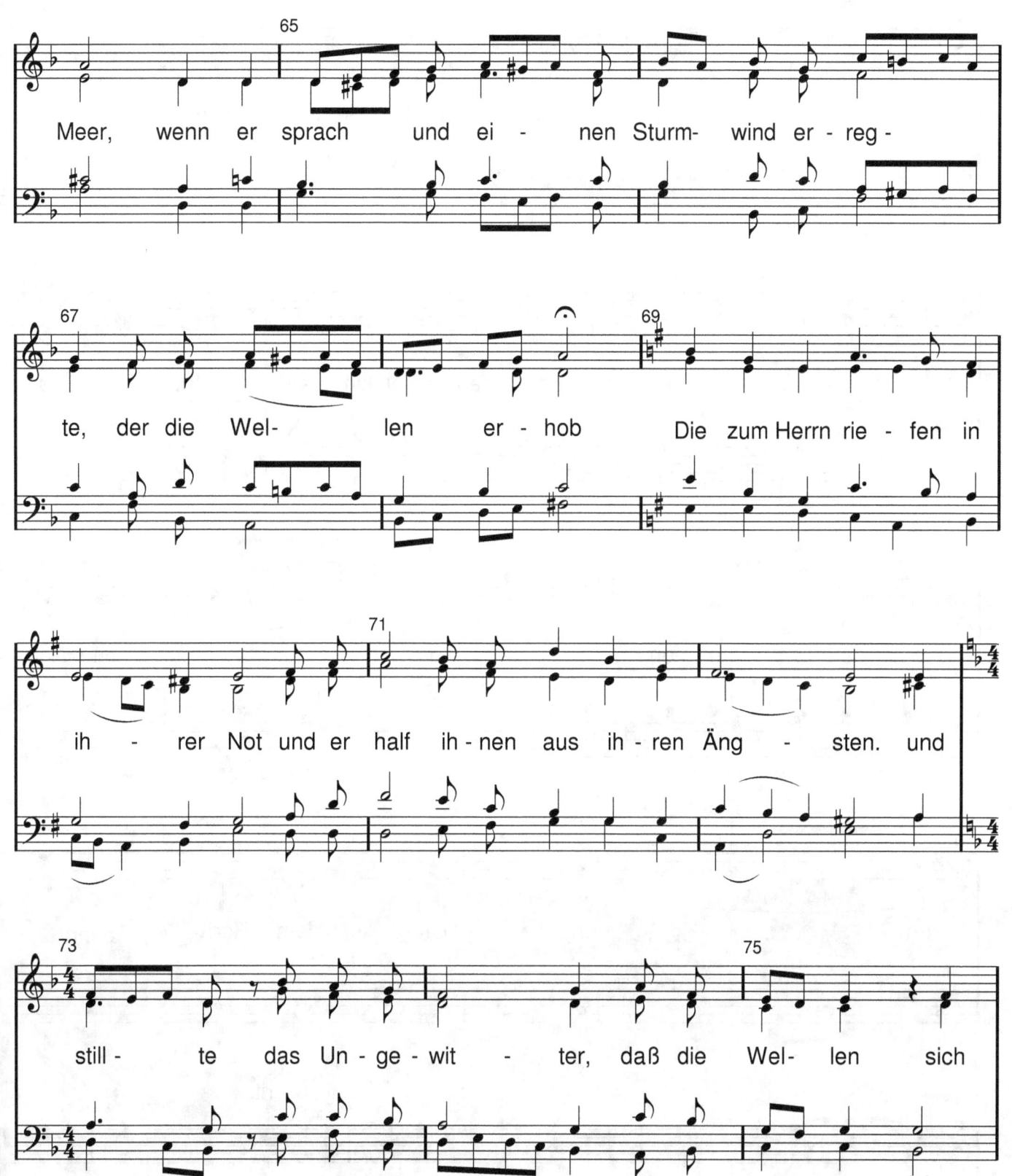

172.6

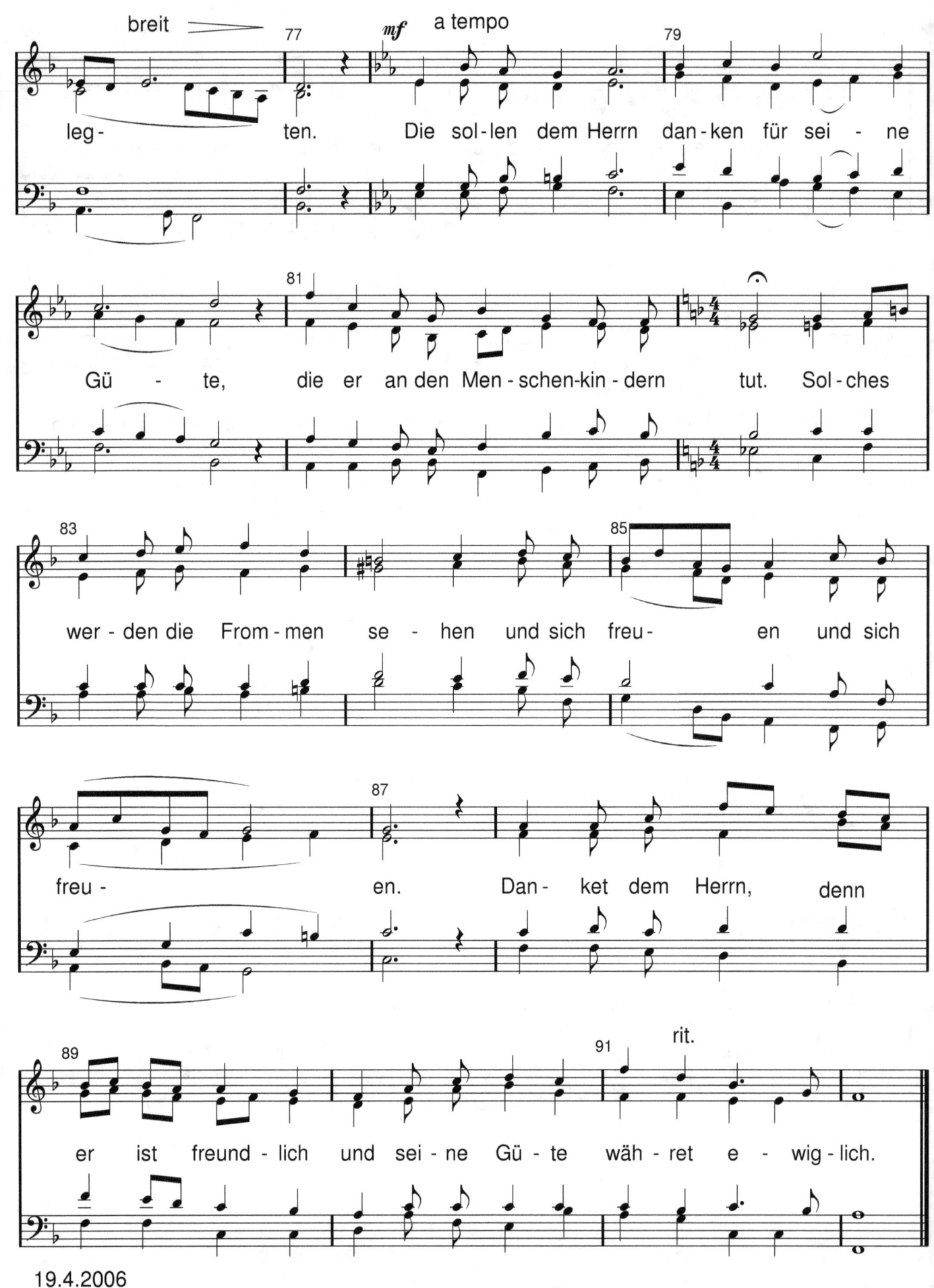

19.4.2006

397 Darum gehet hin

Matth. 28, 19 - 20

Gerhard A. Spingath

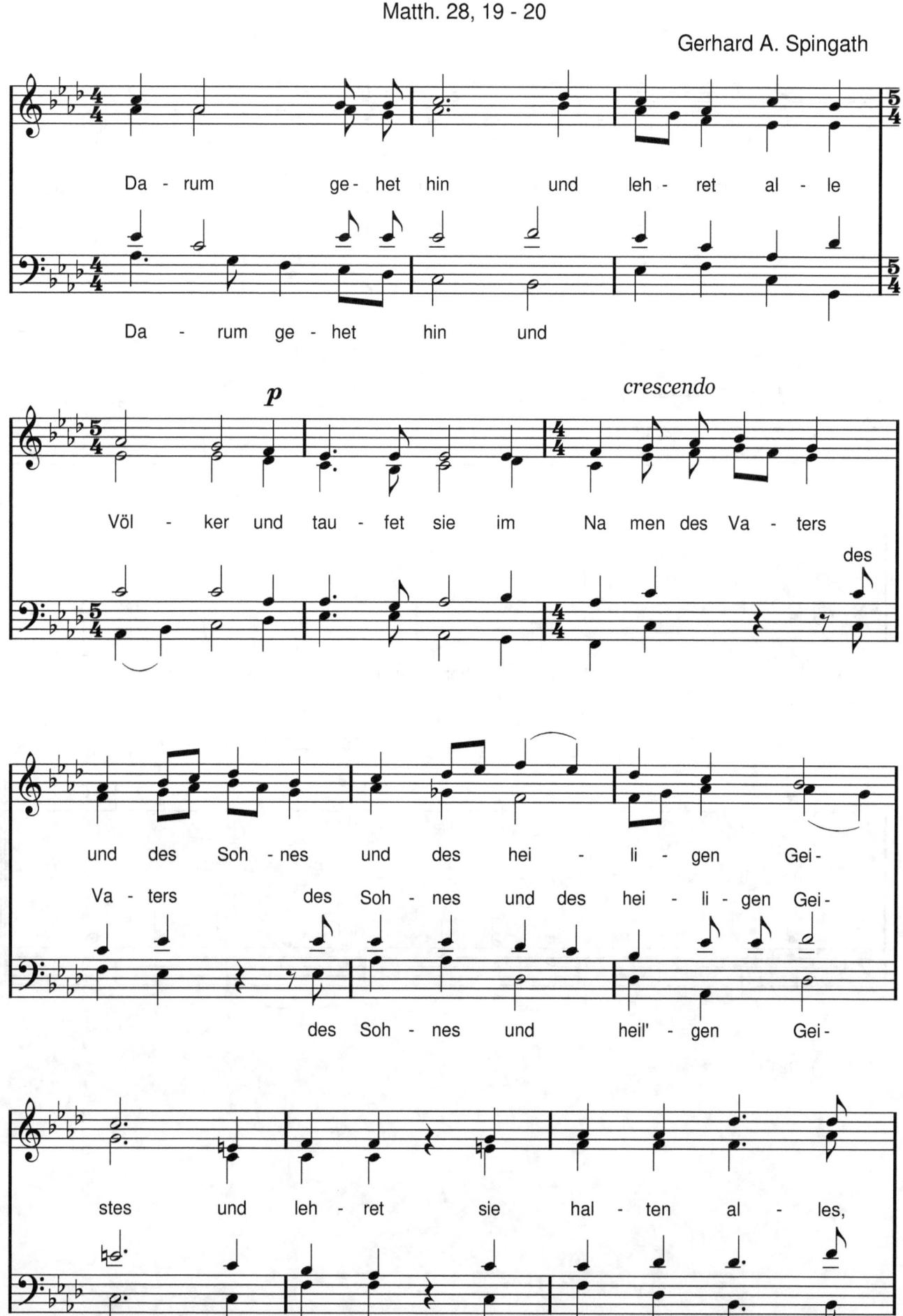

Da - rum ge - het hin und leh - ret al - le
Da - rum ge - het hin und

Völ - ker und tau - fet sie im Na men des Va - ters
des

und des Soh - nes und des hei - li - gen Gei -
Va - ters des Soh - nes und des hei - li - gen Gei -
des Soh - nes und heil' - gen Gei -

stes und leh - ret sie hal - ten al - les,

397.2

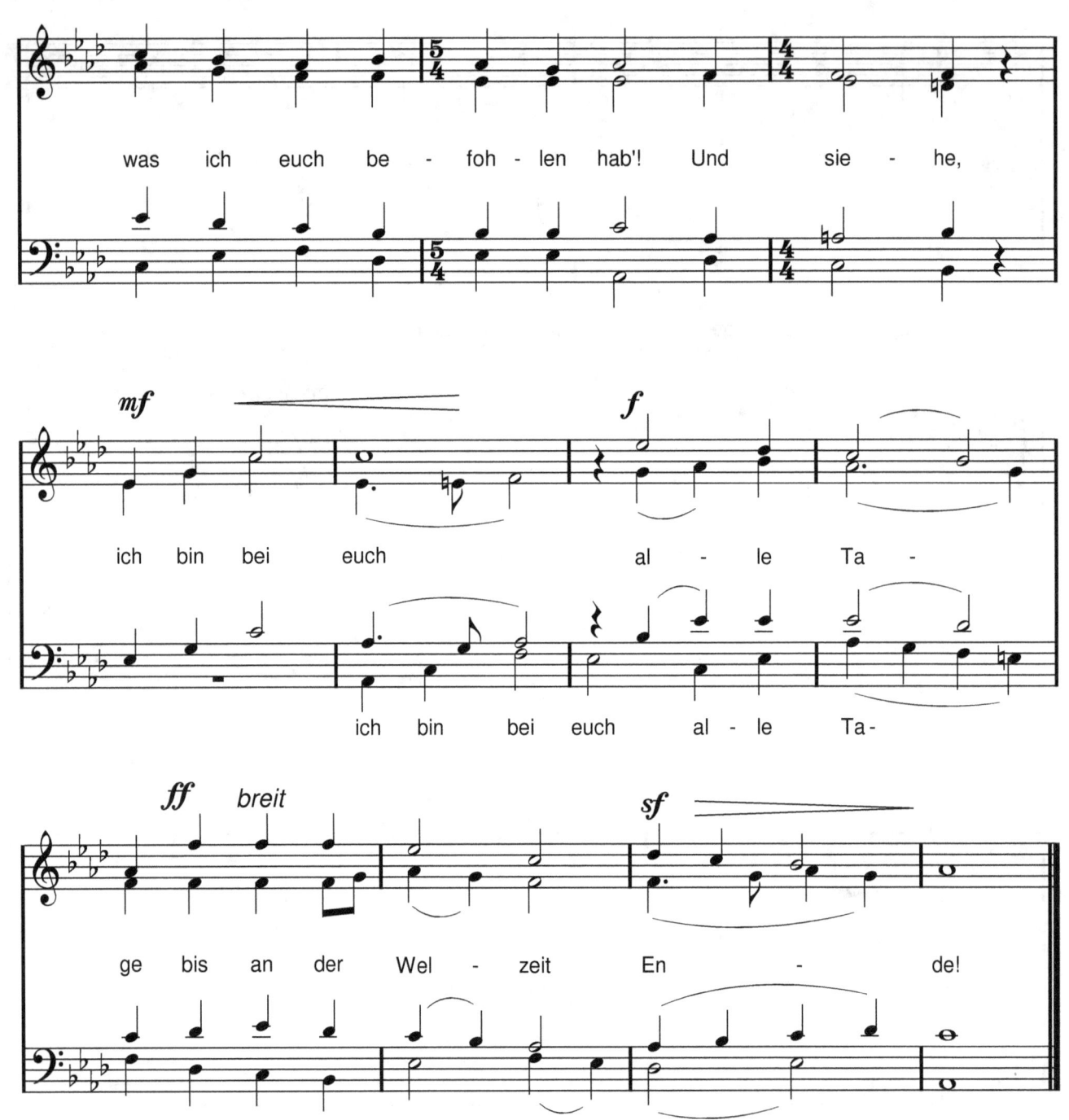

L 397_120213

Das aber ist das ewige Leben

Joh. 17, 3

Gerhard A. Spingath

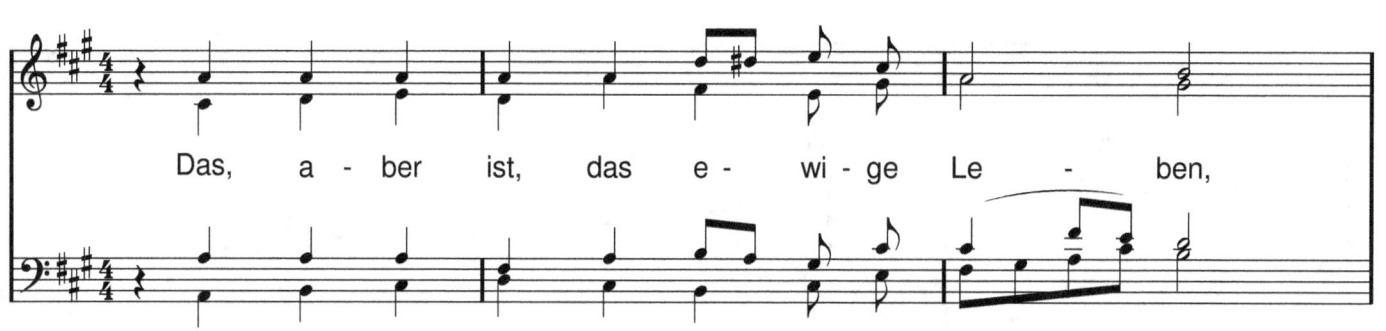

Das, a - ber ist, das e - wi - ge Le - ben,

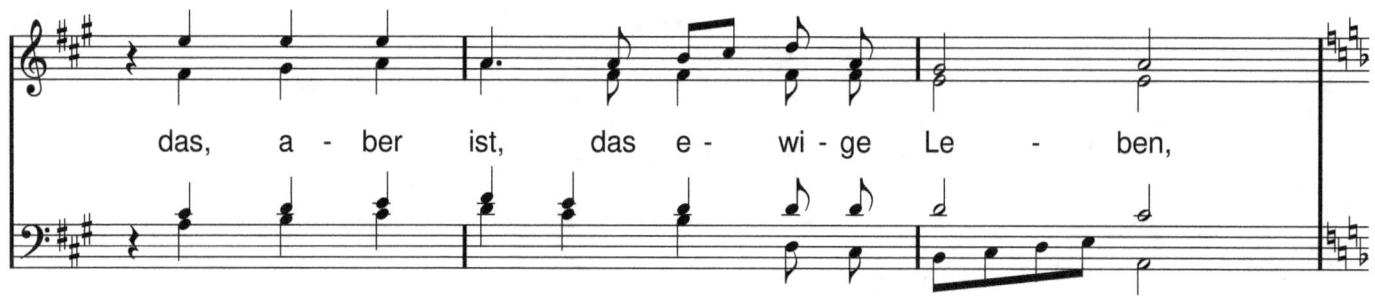

das, a - ber ist, das e - wi - ge Le - ben,

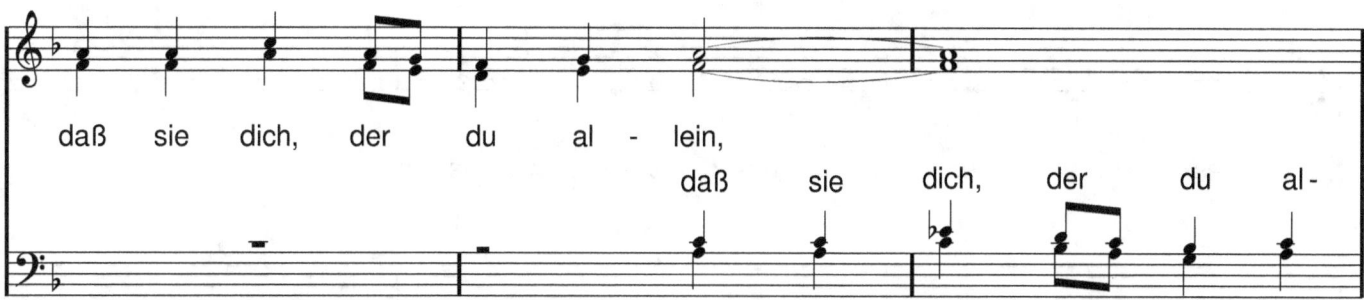

daß sie dich, der du al - lein,

daß sie dich, der du al -

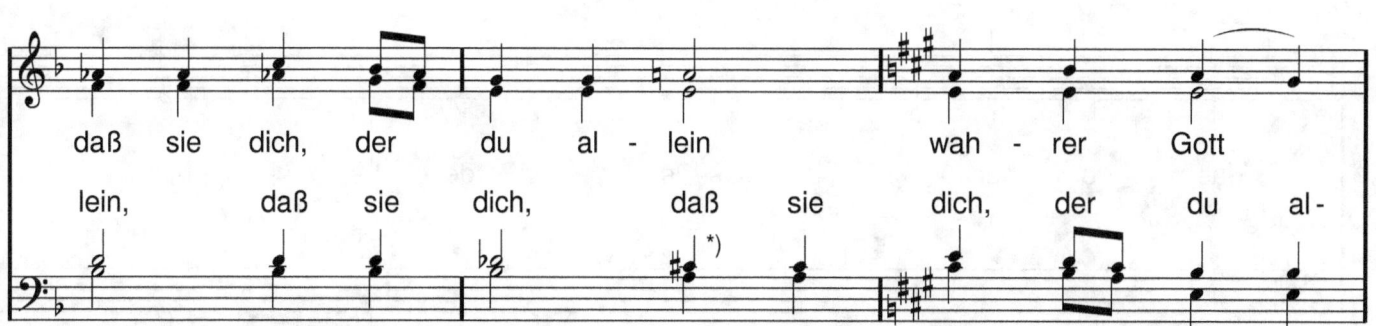

daß sie dich, der du al - lein wah - rer Gott

lein, daß sie dich, daß sie dich, der du al -

*) enharmonische Verwechslung

L 123_311003

123.2

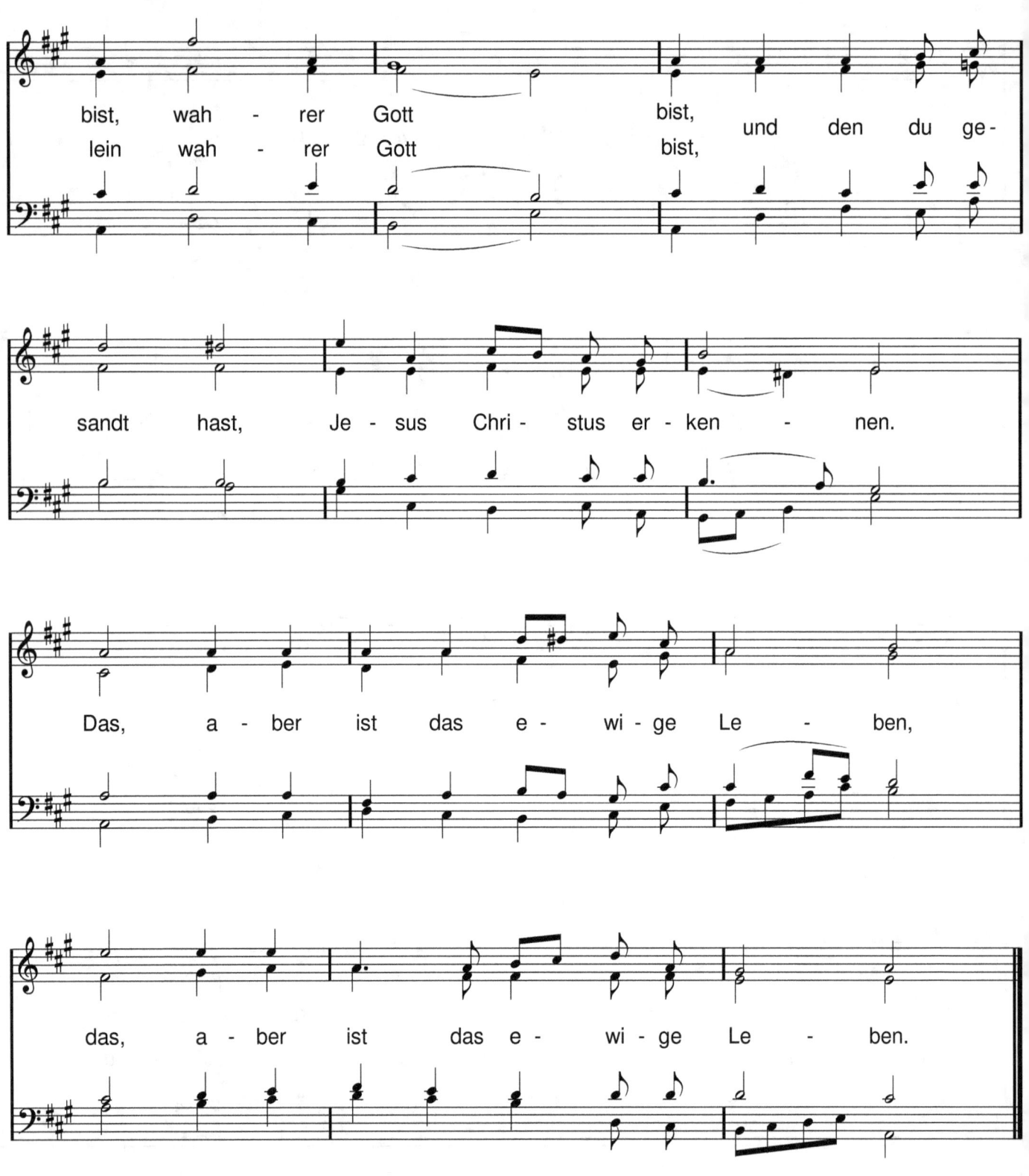

bist, wah - rer Gott bist, und den du ge-
lein wah - rer Gott bist,

sandt hast, Je - sus Chri - stus er - ken - nen.

Das, a - ber ist das e - wi - ge Le - ben,

das, a - ber ist das e - wi - ge Le - ben.

226 Das ist meine Freude

Palm 73, 28

Gerhard A. Spingath

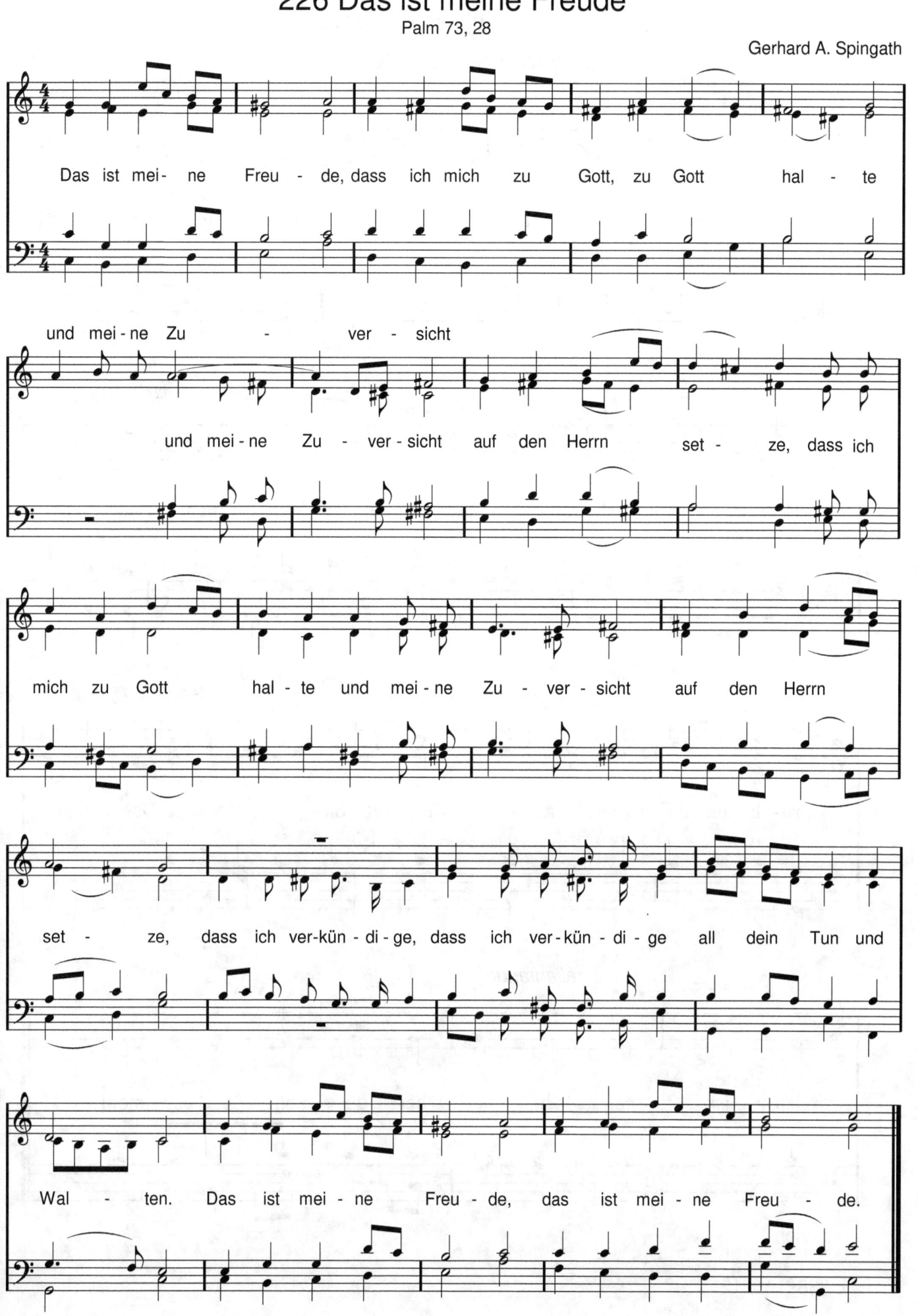

Das ist mei-ne Freu-de, dass ich mich zu Gott, zu Gott hal - te

und mei-ne Zu - ver - sicht auf den Herrn set - ze, dass ich

mich zu Gott hal - te und mei-ne Zu - ver - sicht auf den Herrn

set - ze, dass ich ver-kün-di-ge, dass ich ver-kün-di-ge all dein Tun und

Wal - ten. Das ist mei - ne Freu - de, das ist mei - ne Freu - de.

388 Das Himmelreich ist nahe

nach Mattäus 3,2; 4, 17; 10,7;

Gerhard A. Spingath

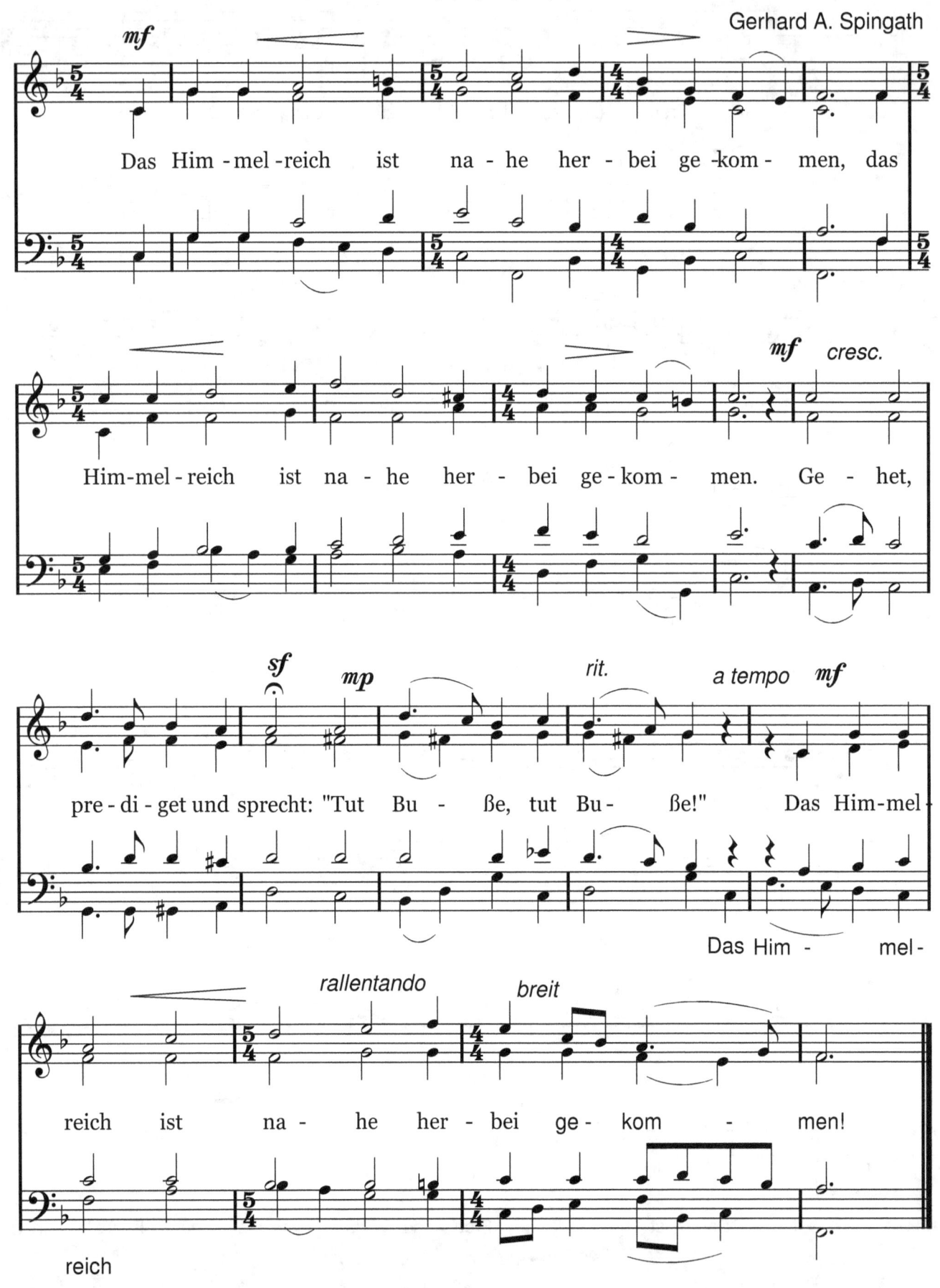

Das Him -mel -reich ist na – he her - bei ge -kom - men, das

Him-mel - reich ist na - he her - bei ge -kom - men. Ge - het,

pre - di - get und sprecht: "Tut Bu - ße, tut Bu - ße!" Das Him-mel

Das Him - mel-

reich ist na - he her - bei ge - kom - men!

reich

279 Da stehet sie, die heilige Stadt

nach Psalm 87

Gerhard A., Spingath

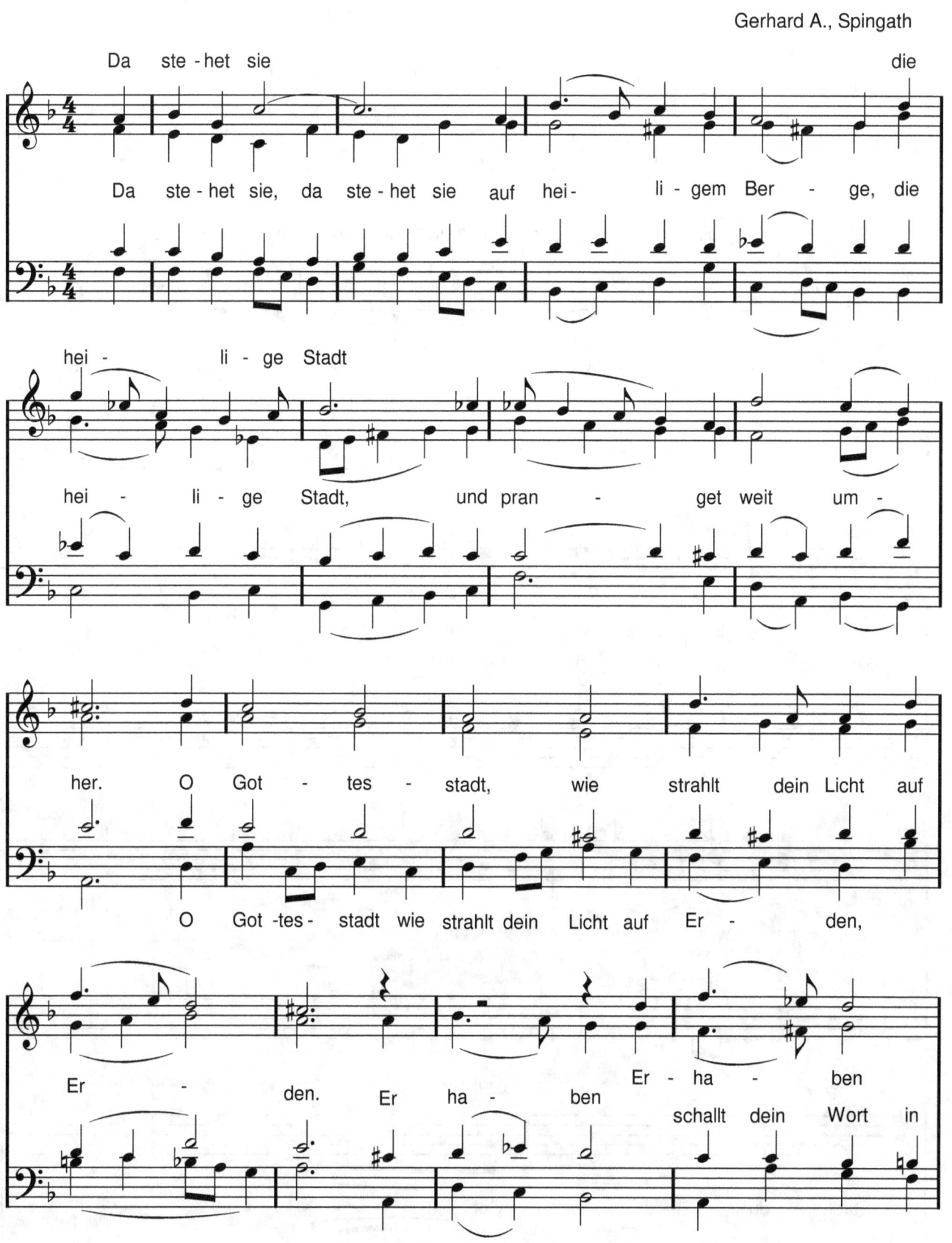

279.2

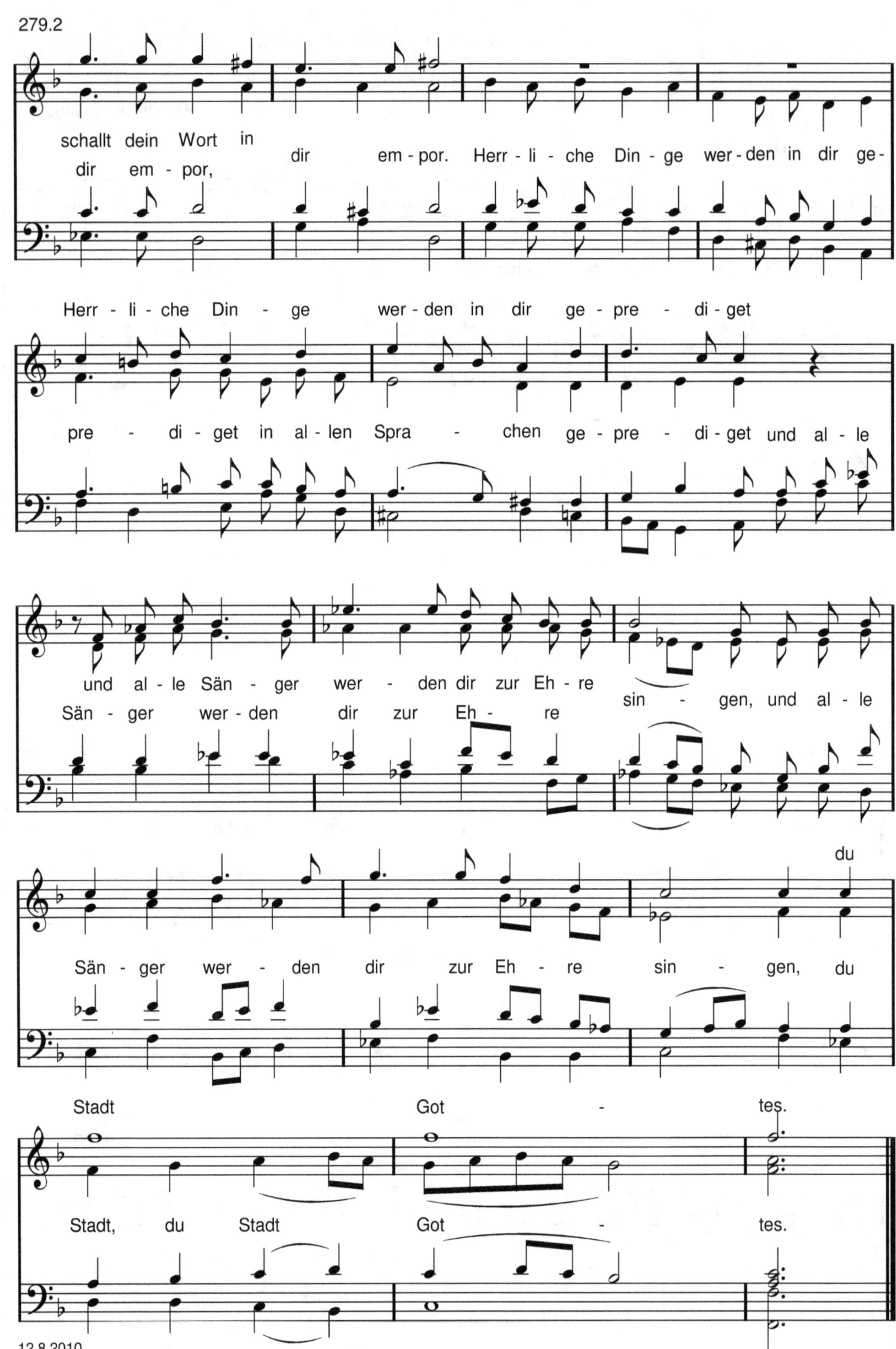

schallt dein Wort in
dir em - por,
dir em - por. Herr - li - che Din - ge wer - den in dir ge-

Herr - li - che Din - ge wer - den in dir ge - pre - di - get
pre - di - get in al - len Spra - chen ge - pre - di - get und al - le

und al - le Sän - ger wer - den dir zur Eh - re
Sän - ger wer - den dir zur Eh - re
sin - gen, und al - le

du
Sän - ger wer - den dir zur Eh - re sin - gen, du

Stadt
Got - tes.
Stadt, du Stadt Got - tes.

12.8.2010

384 Das Wort des Herrn

aus "Der 33. Psalm" 2. Teil

Gerhard A. Spingath, op. 162

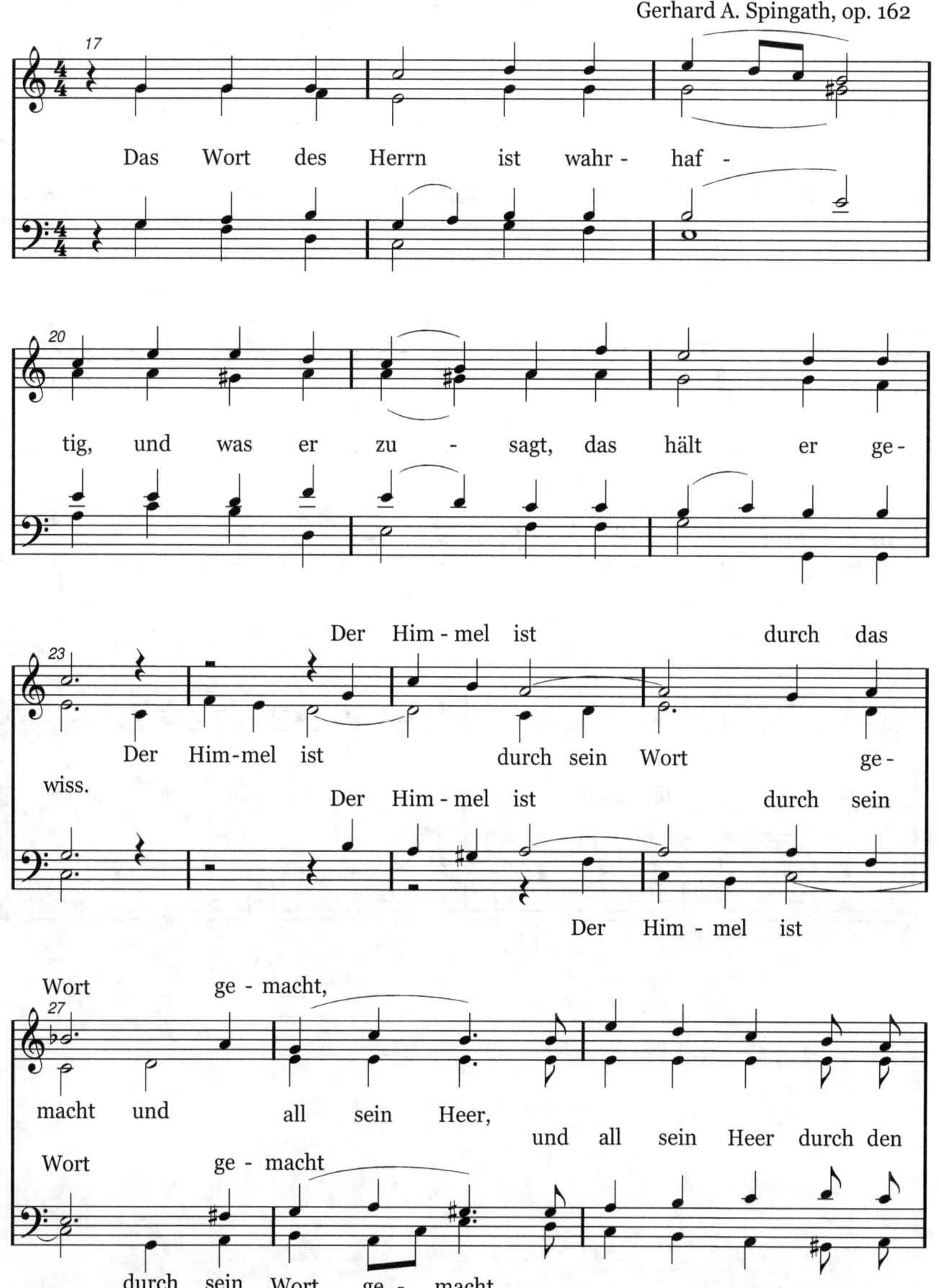

Psalm 33_2.2

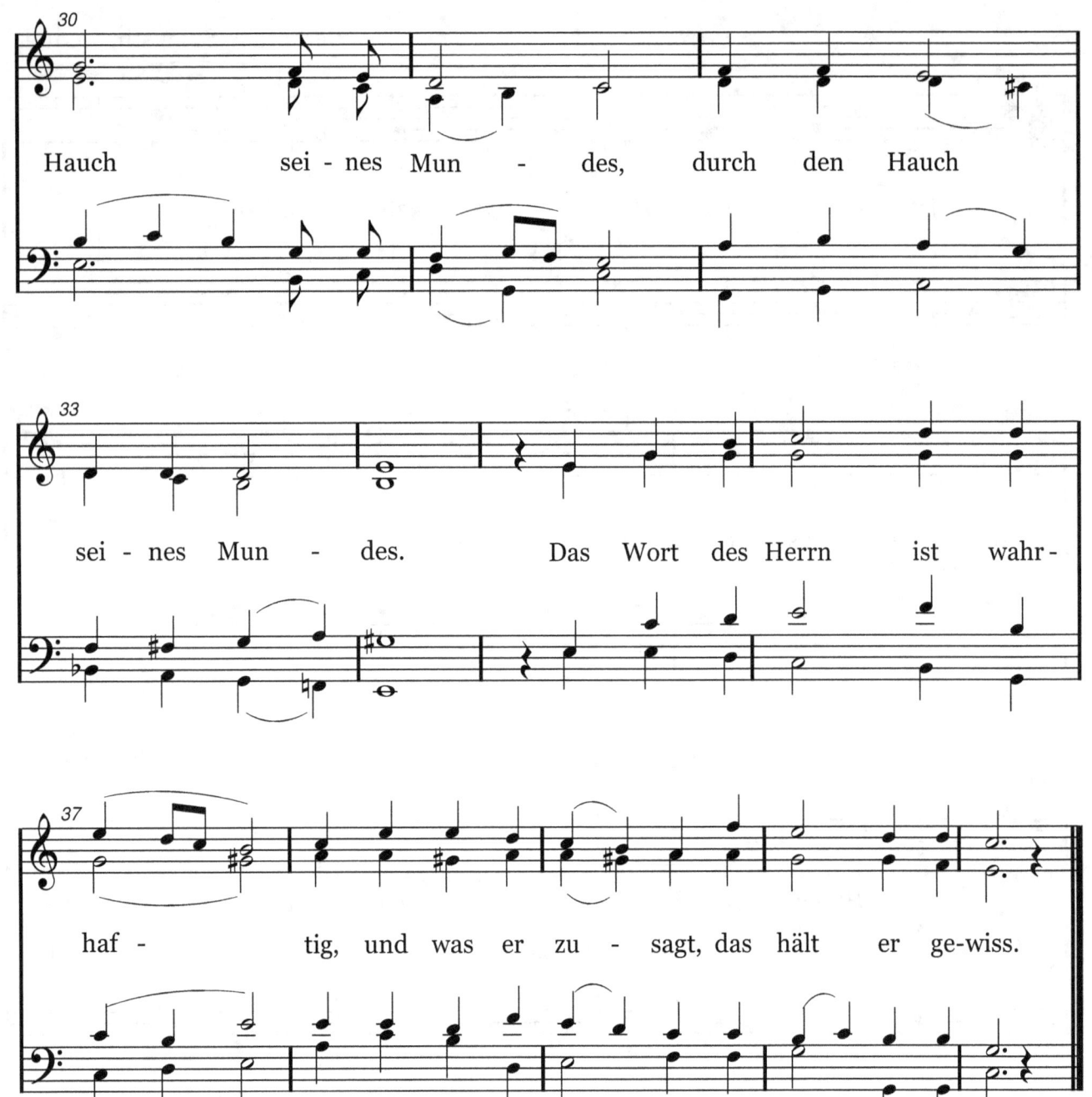

Dein Herze stehet still

Gustav Krüger

Gerhard A. Spingath

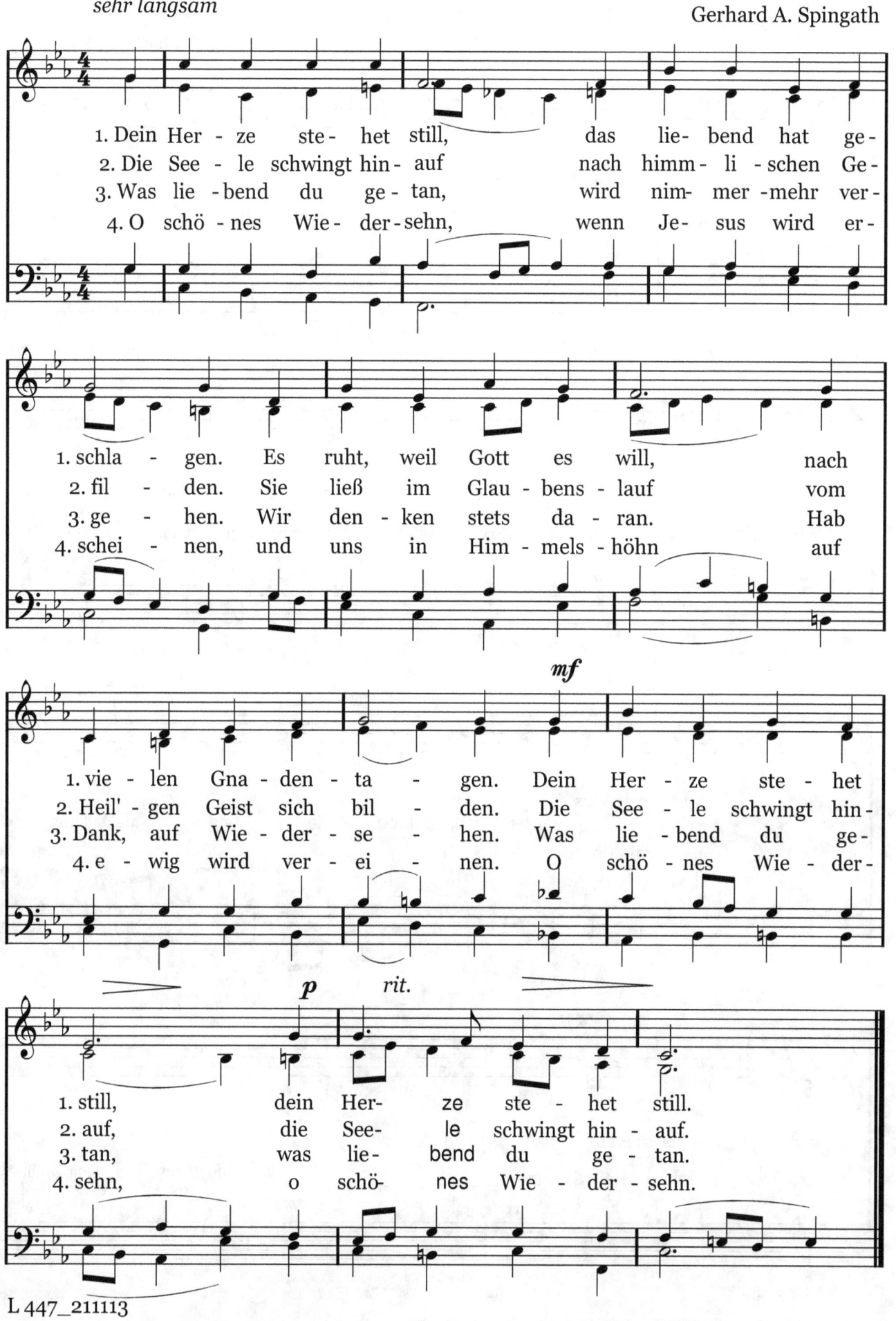

339 Dein Wort ward meine Speise

Jeremia 15; 16, 19

Gerhard A. Spingath

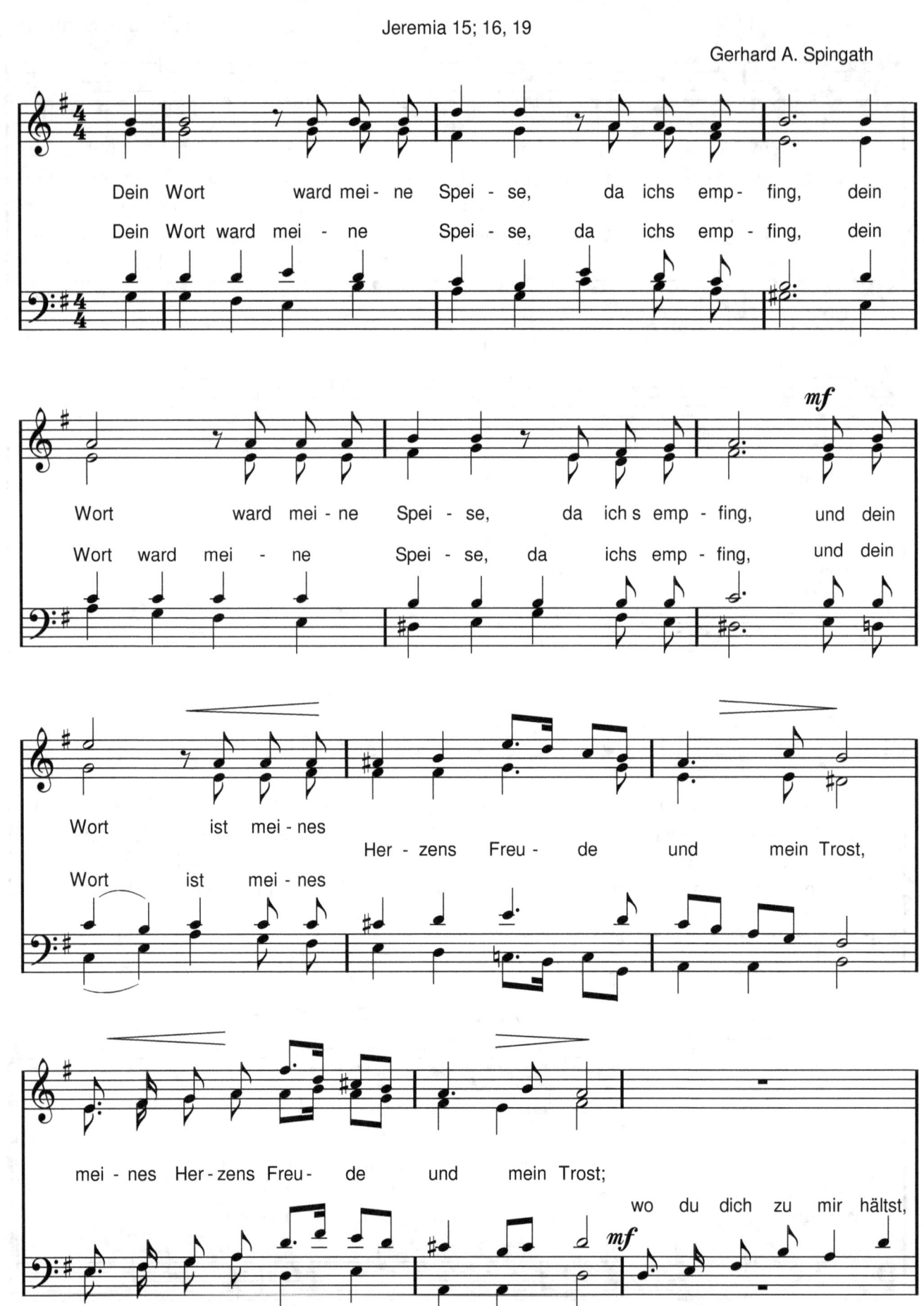

Dein Wort ward mei - ne Spei - se, da ichs emp - fing, dein

Dein Wort ward mei - ne Spei - se, da ichs emp - fing, dein

Wort ward mei - ne Spei - se, da ich s emp - fing, und dein

Wort ward mei - ne Spei - se, da ichs emp - fing, und dein

Wort ist mei - nes Her - zens Freu - de und mein Trost,

Wort ist mei - nes

mei - nes Her - zens Freu - de und mein Trost;

wo du dich zu mir hältst,

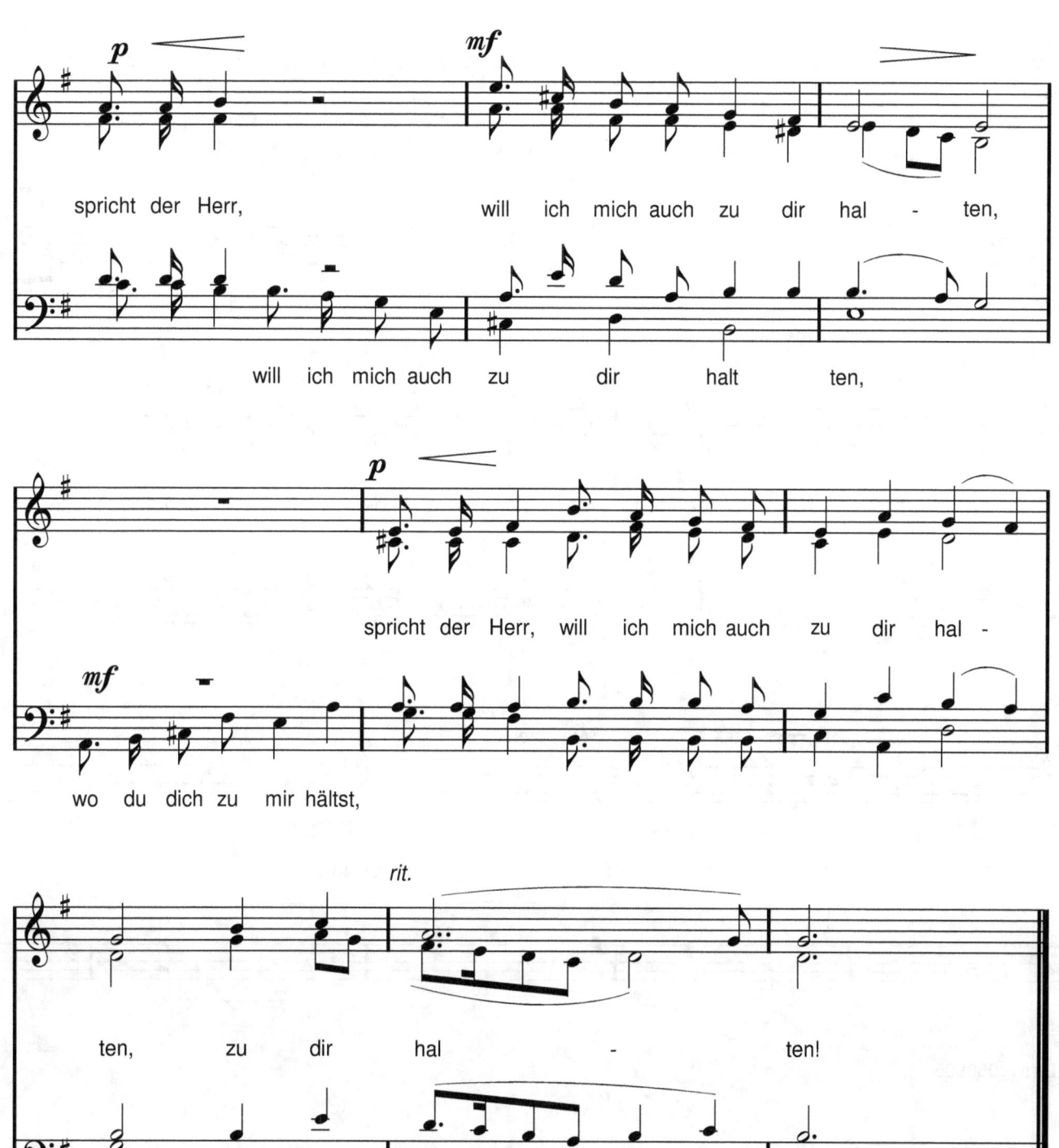

spricht der Herr, will ich mich auch zu dir hal - ten,

will ich mich auch zu dir halt ten,

spricht der Herr, will ich mich auch zu dir hal -

wo du dich zu mir hältst,

ten, zu dir hal - ten!

24.2.2012

Dem Demütigen schenkt Gott Gnade

1. Petrus 5, 5 - 6;
Matth. 5, 8

Gerhard A. Spingath

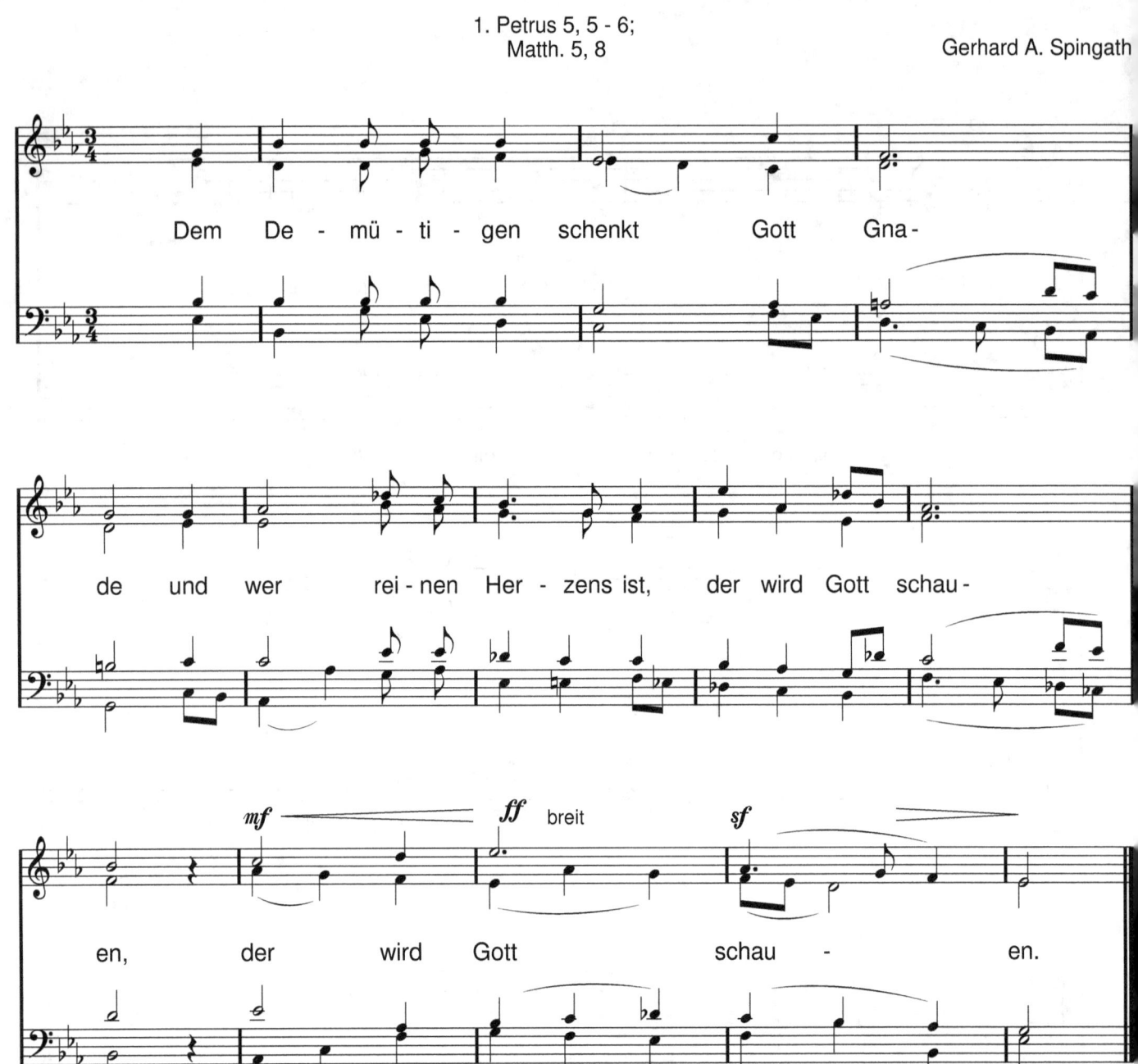

Denn das Wort vom Kreuz

1. Korinth., 18; 2. Korinth., 3 - 4

Gerhard A. Spingath

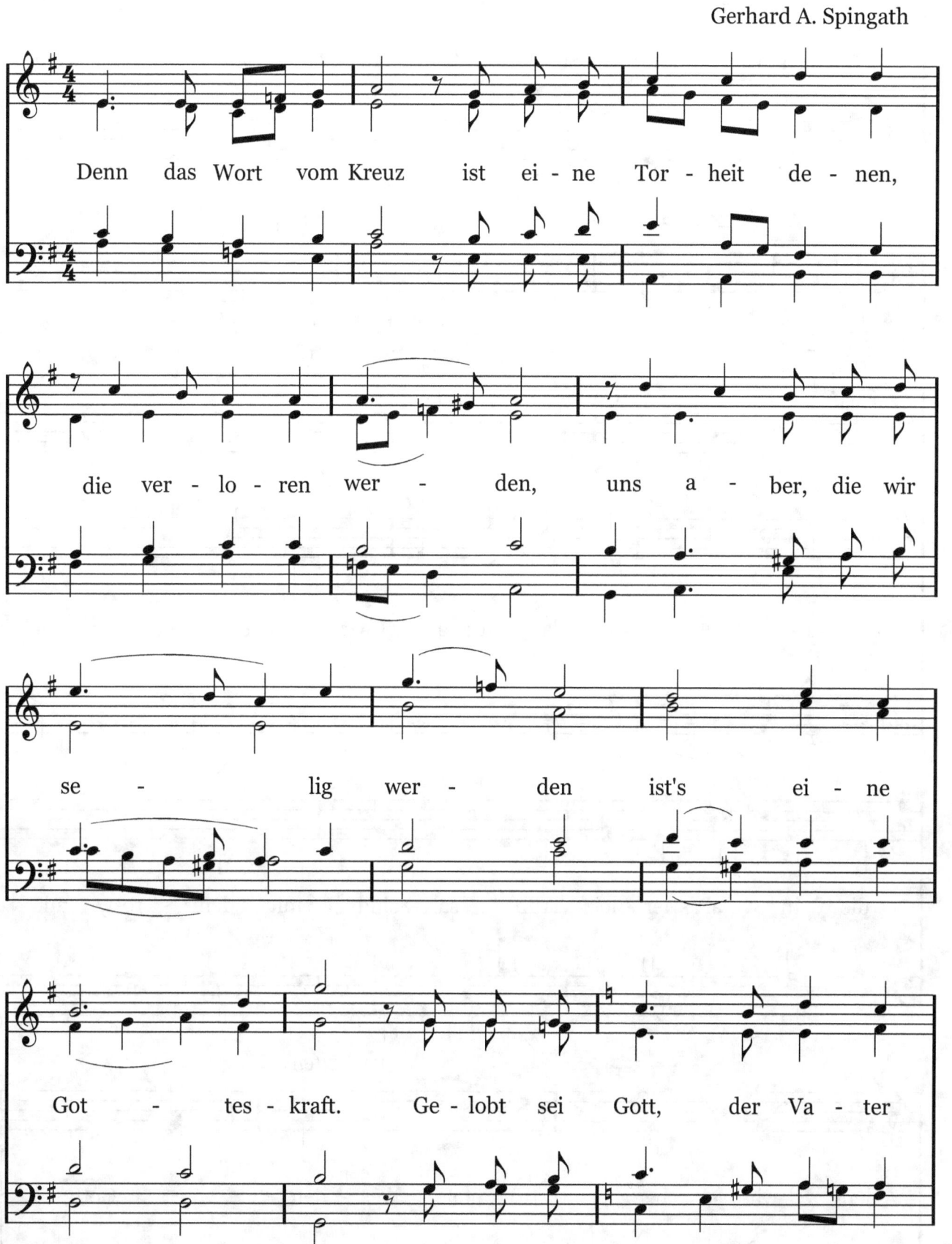

Denn das Wort vom Kreuz ist ei - ne Tor - heit de - nen,

die ver - lo - ren wer - den, uns a - ber, die wir

se - lig wer - den ist's ei - ne

Got - tes - kraft. Ge - lobt sei Gott, der Va - ter

422.2

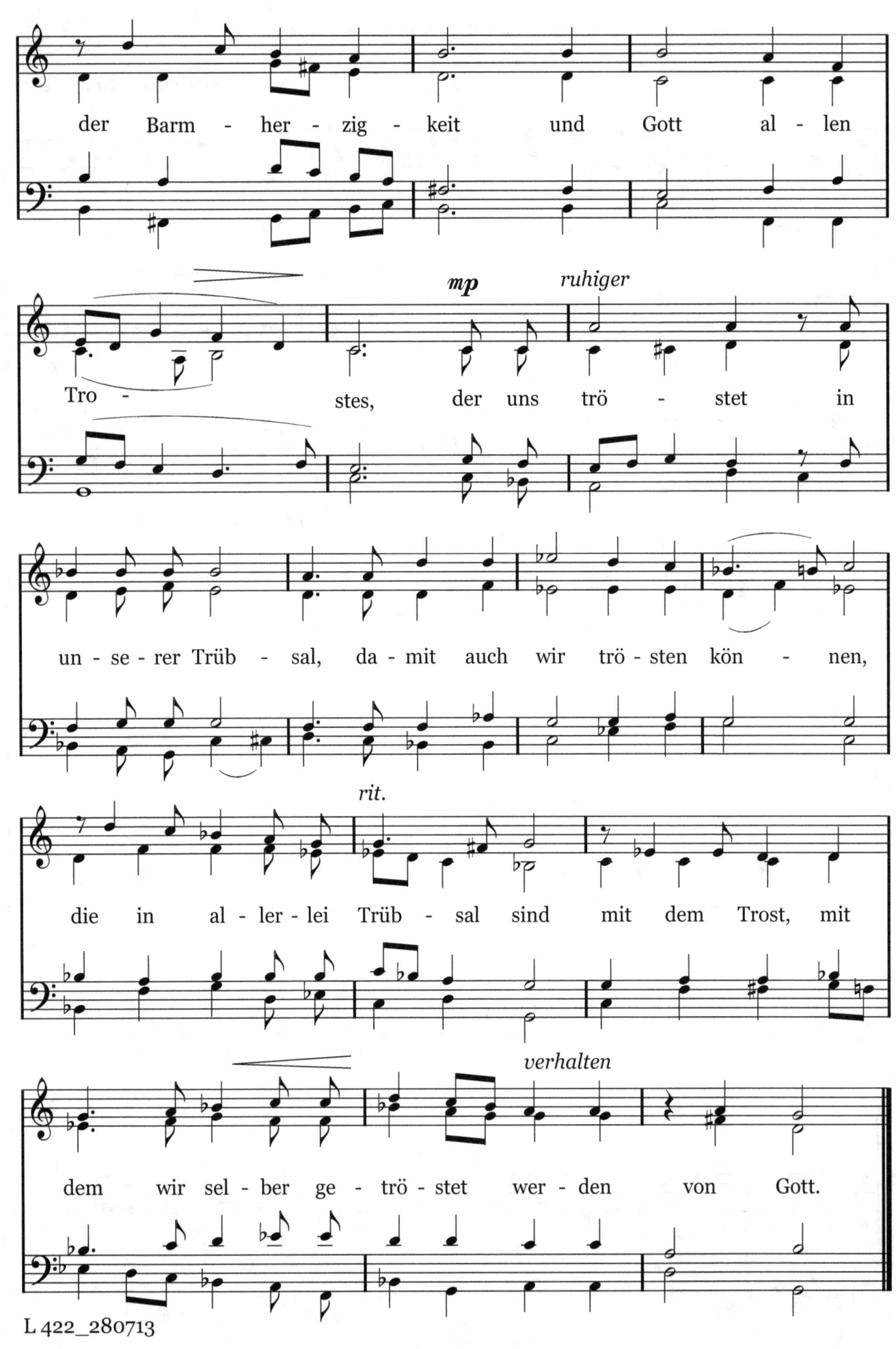

der Barm - her - zig - keit und Gott al - len

mp *ruhiger*

Tro - stes, der uns trö - stet in

un - se - rer Trüb - sal, da - mit auch wir trö - sten kön - nen,

rit.

die in al - ler - lei Trüb - sal sind mit dem Trost, mit

verhalten

dem wir sel - ber ge - trö - stet wer - den von Gott.

Denn siehe ich will einen neuen Himmel

Jesaja 65, 17

Gerhard A. Spingath

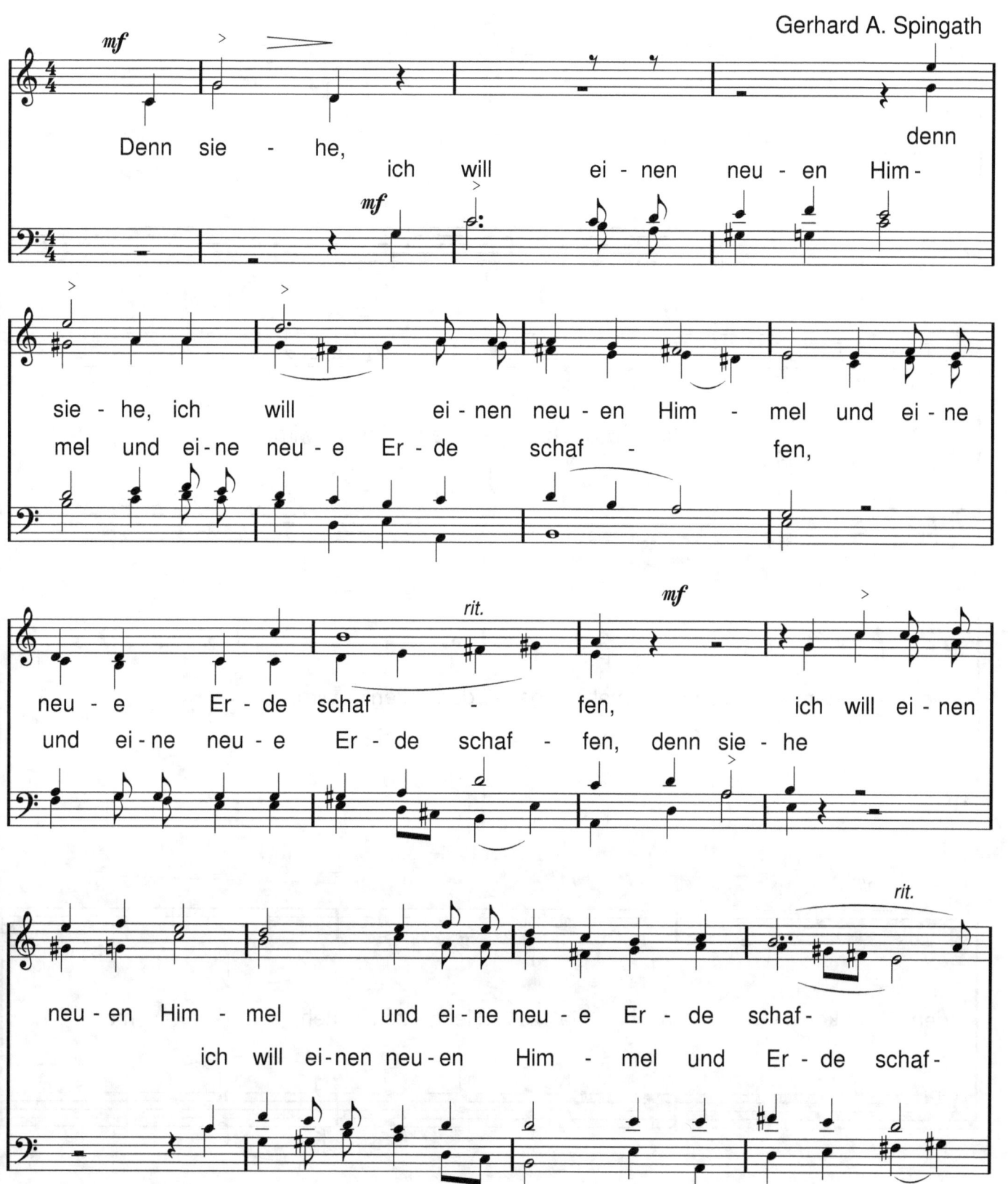

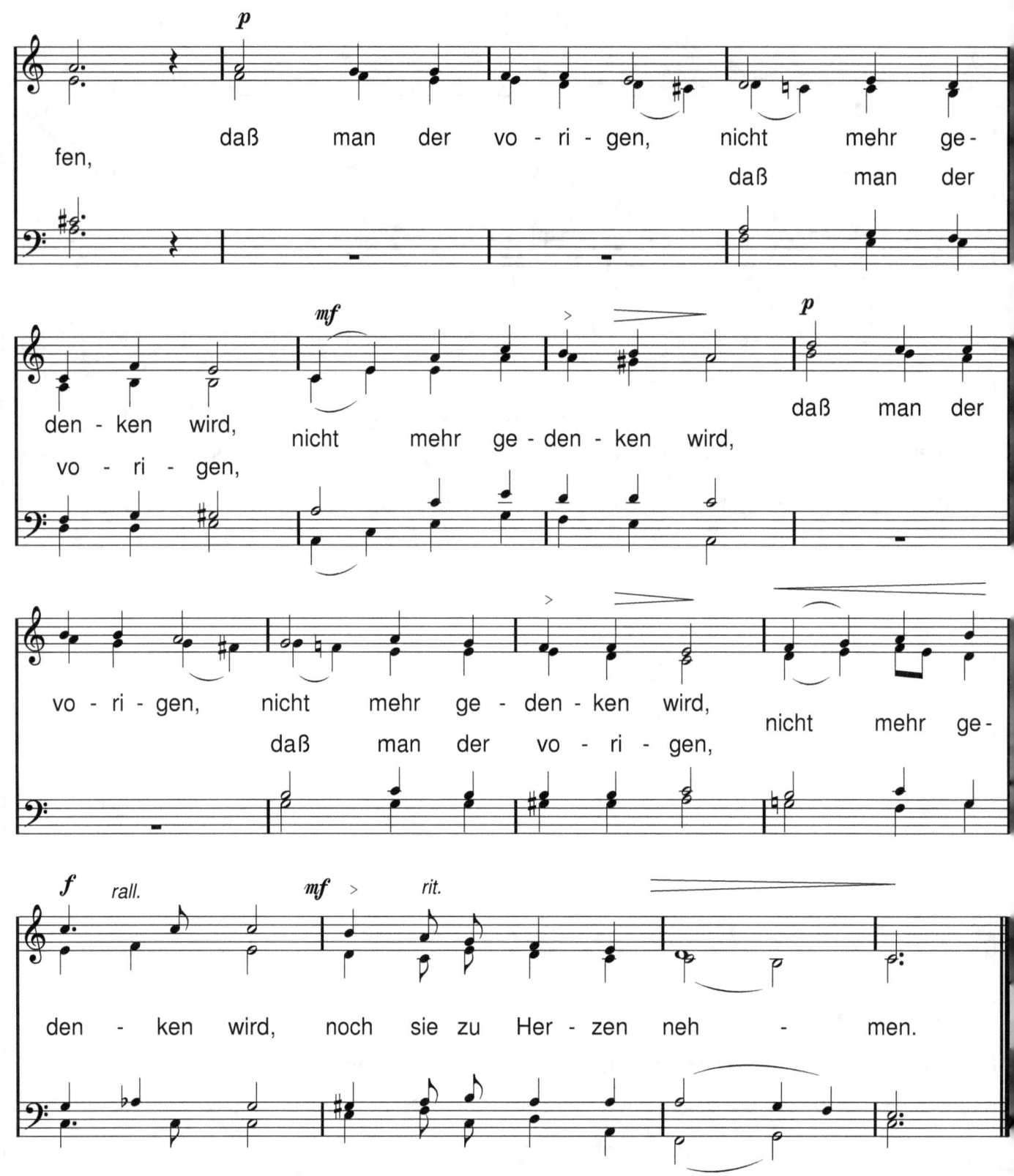

412 Denn auf alle Gottesverheissungen

2. Korinther 1. 20 - 22

Gerhard A. Spingath

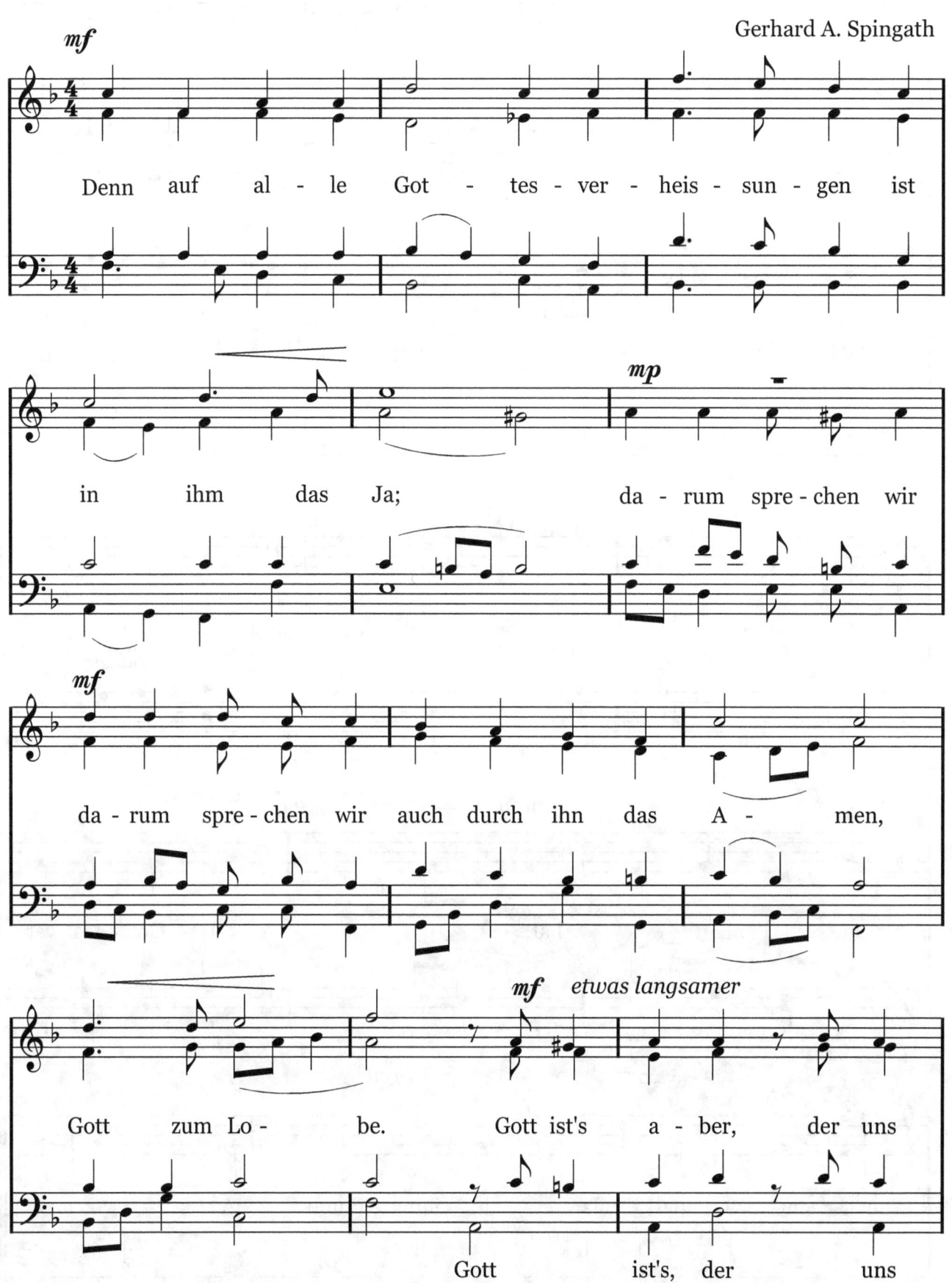

Denn auf al - le Got - tes - ver - heis - sun - gen ist

in ihm das Ja; da - rum spre - chen wir

da - rum spre - chen wir auch durch ihn das A - men,

Gott zum Lo - be. Gott ist's a - ber, der uns

Gott ist's, der uns

412.2

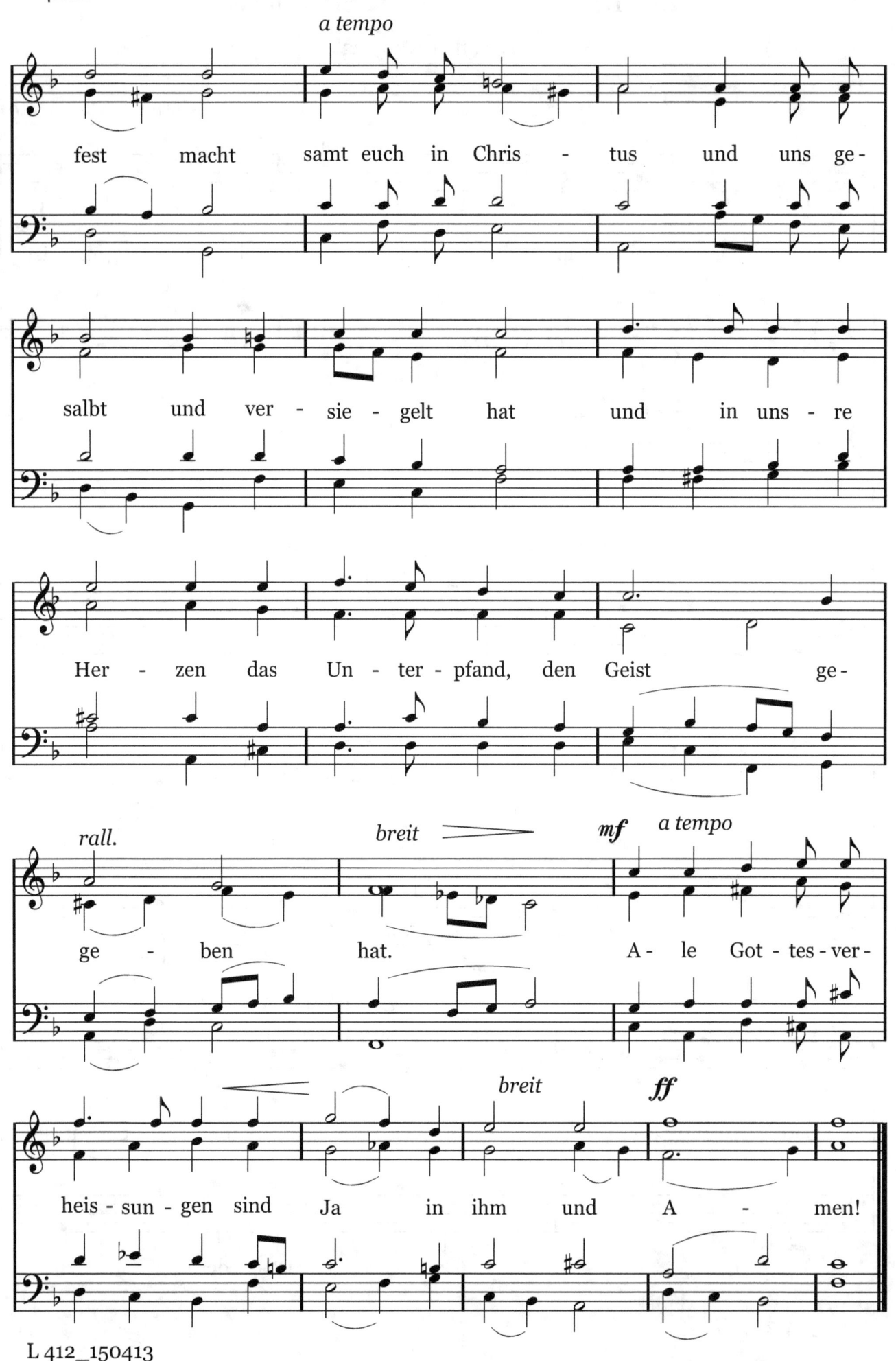

52 Denn ich weiß wohl

Jeremia 29, 11-14

Gerhard Spingath

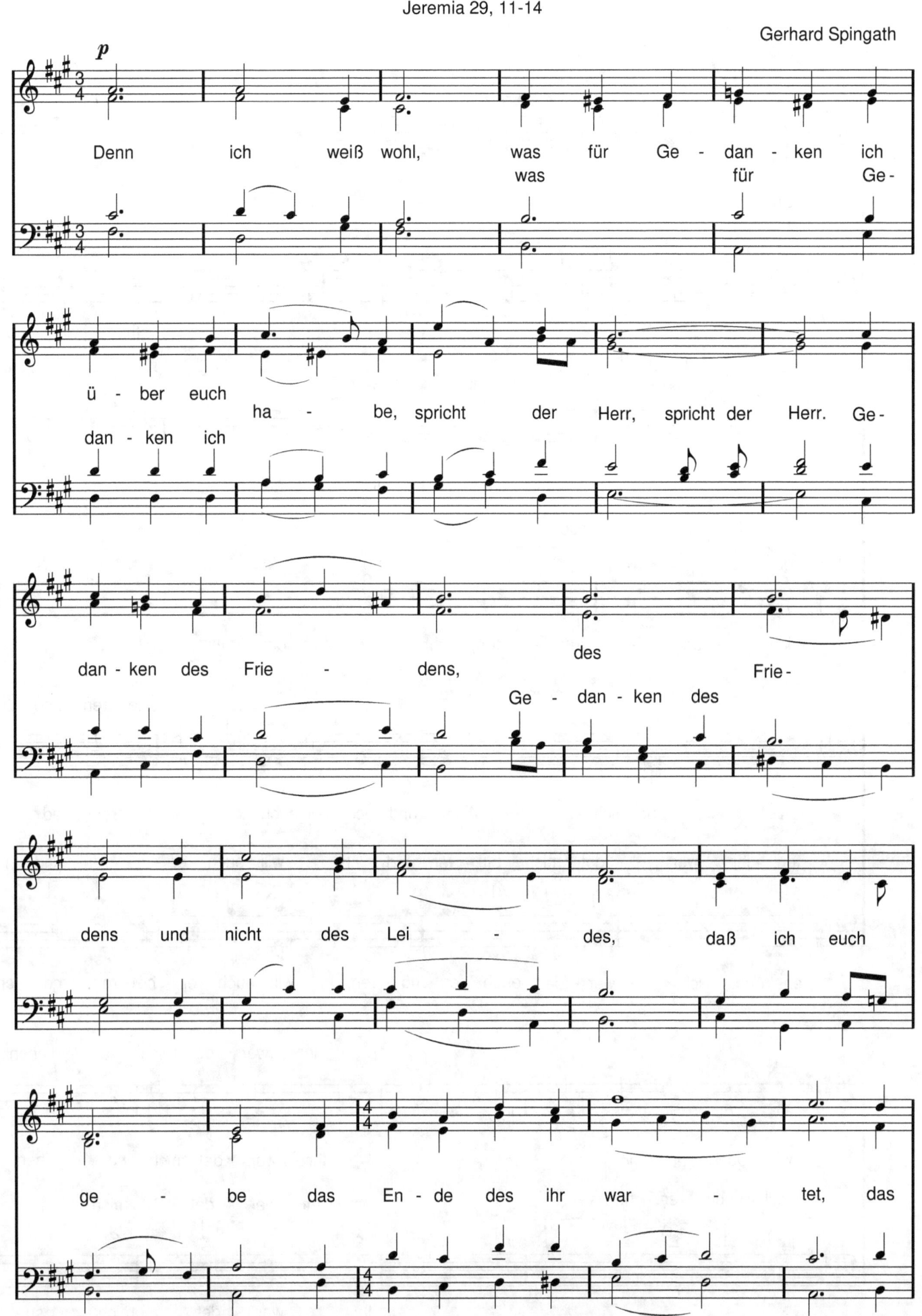

Denn ich weiß wohl, was für Ge - dan - ken ich
was für Ge -

ü - ber euch ha - be, spricht der Herr, spricht der Herr. Ge -
dan - ken ich

dan - ken des Frie - dens,
des
Ge - dan - ken des Frie -

dens und nicht des Lei - des, daß ich euch

ge - be das En - de des ihr war - tet, das

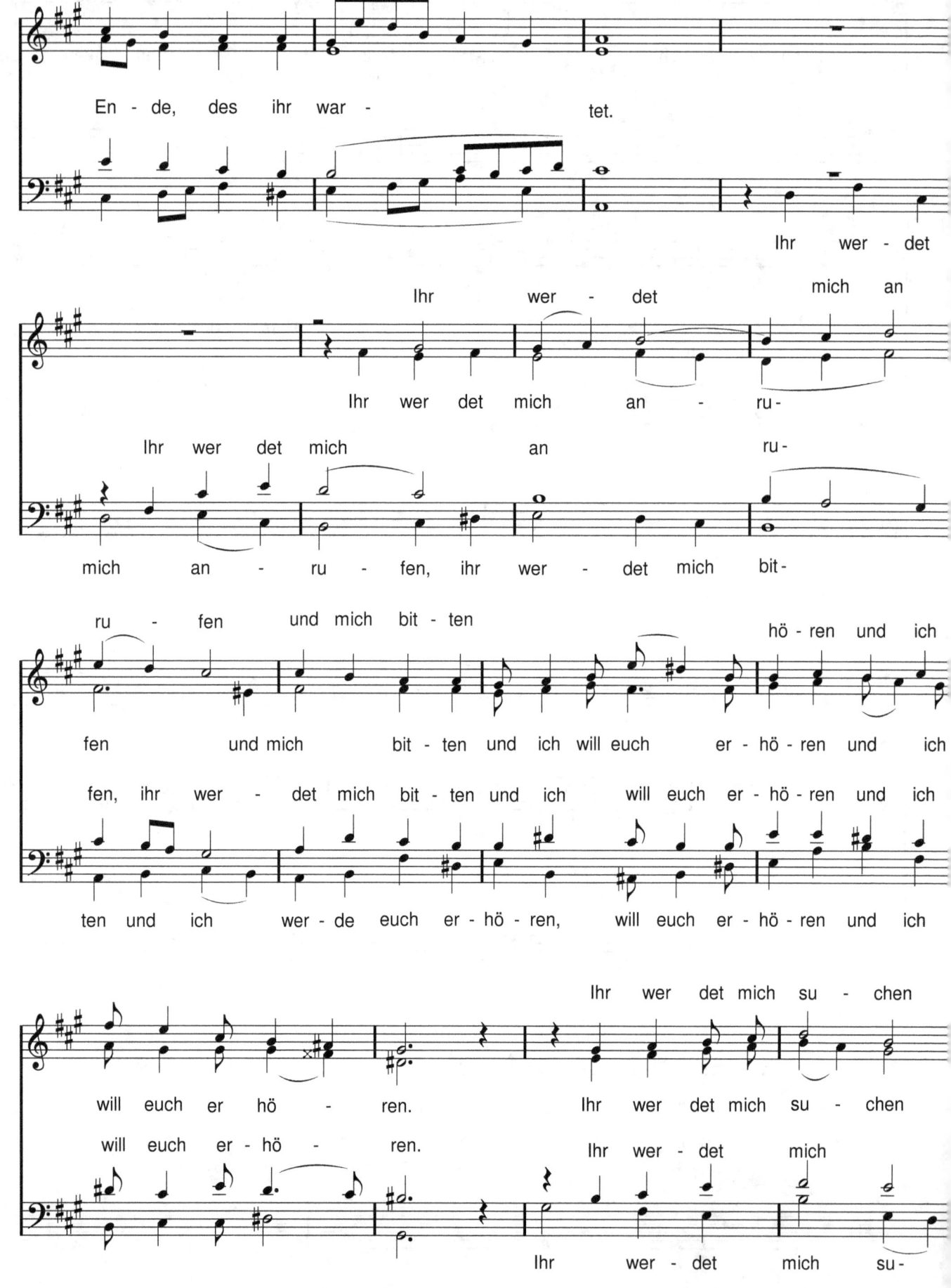

52.3

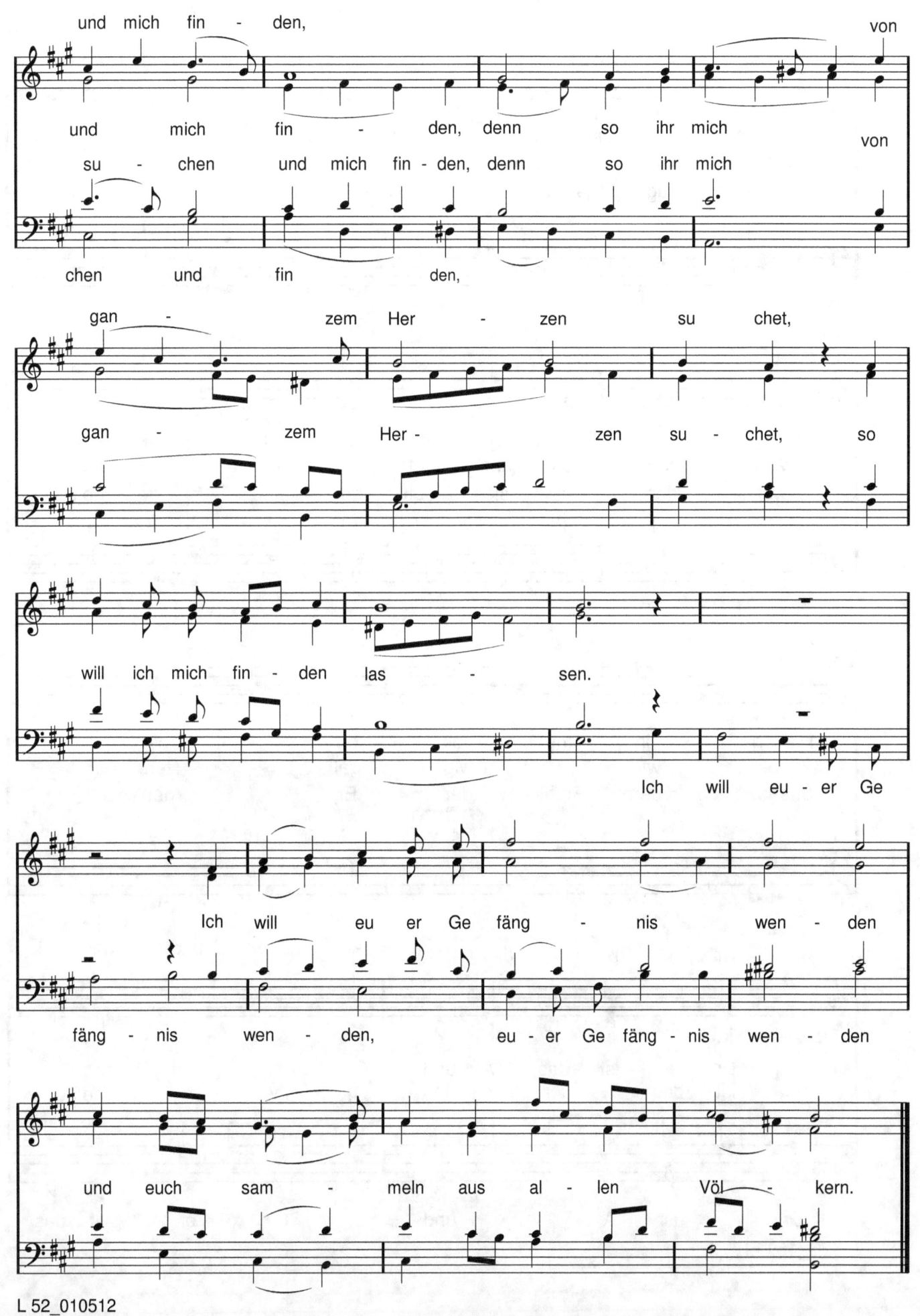

Der Erste und der Letzte

Text u. Musik: Gerhard A. Spingath

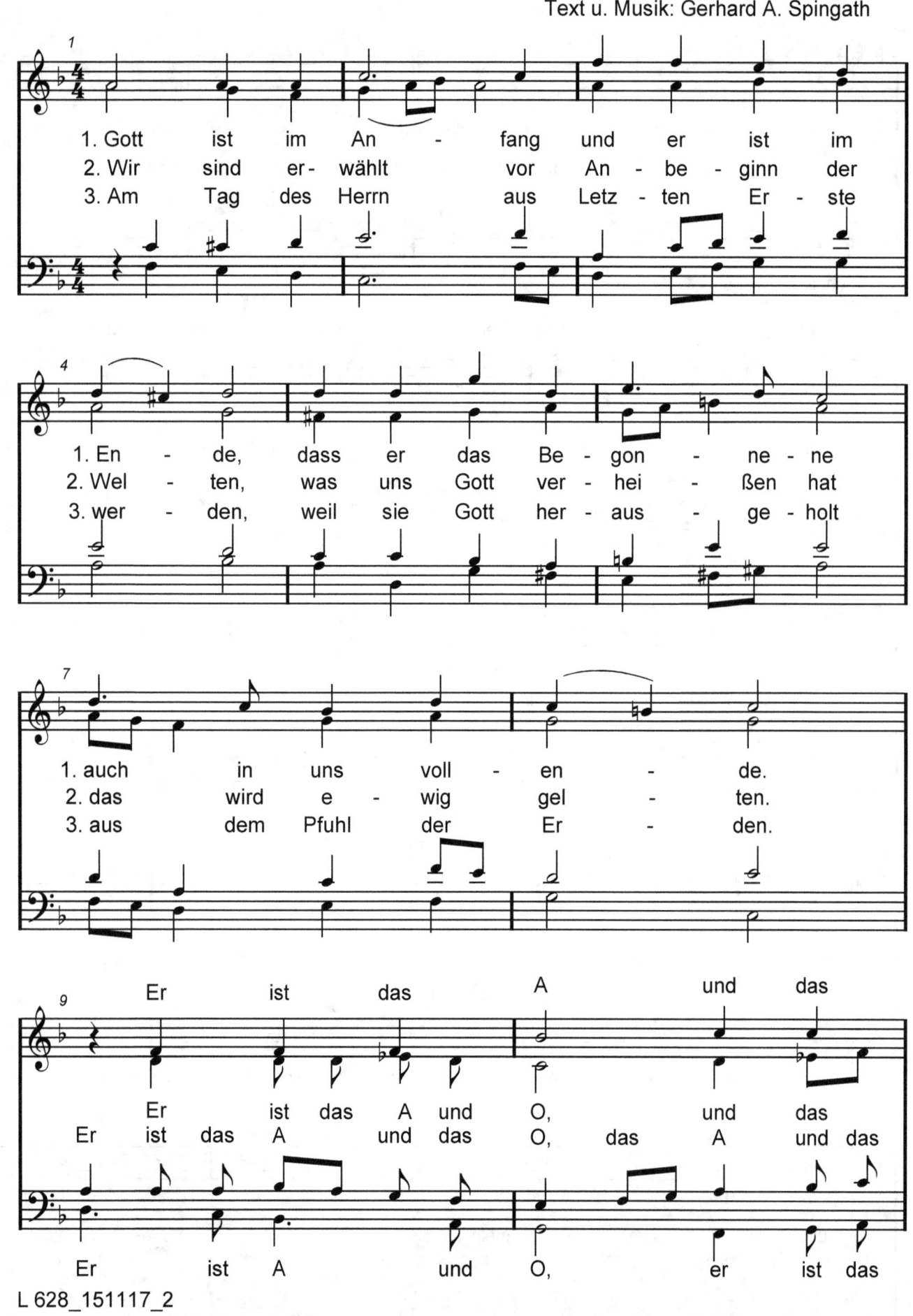

1. Gott ist im An - fang und er ist im En - de, dass er das Be - gon - ne - ne auch in uns voll - en - de.
2. Wir sind er- wählt vor An - be - ginn der Wel - ten, was uns Gott ver - hei - ßen hat das wird e - wig gel - ten.
3. Am Tag des Herrn aus Letz - ten Er - ste wer - den, weil sie Gott her - aus - ge - holt aus dem Pfuhl der Er - den.

Er ist das A und das

Er ist das A und O, und das
Er ist das A und das O, das A und das

Er ist A und O, er ist das

628.2

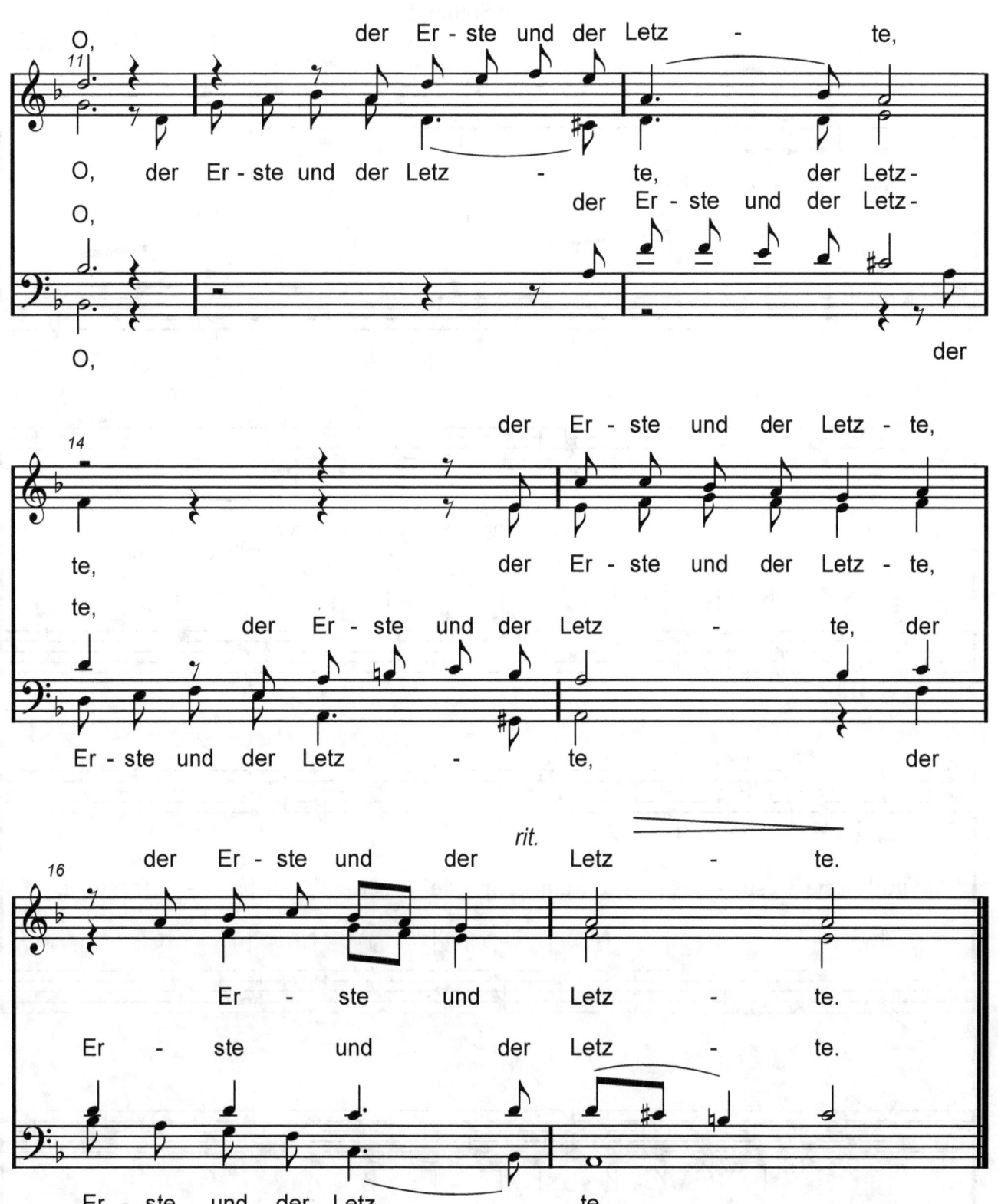

Der gute Hirte

Hesekiel 34, 11 - 12

Gerhard Spingath

Gerhard A. Spingath

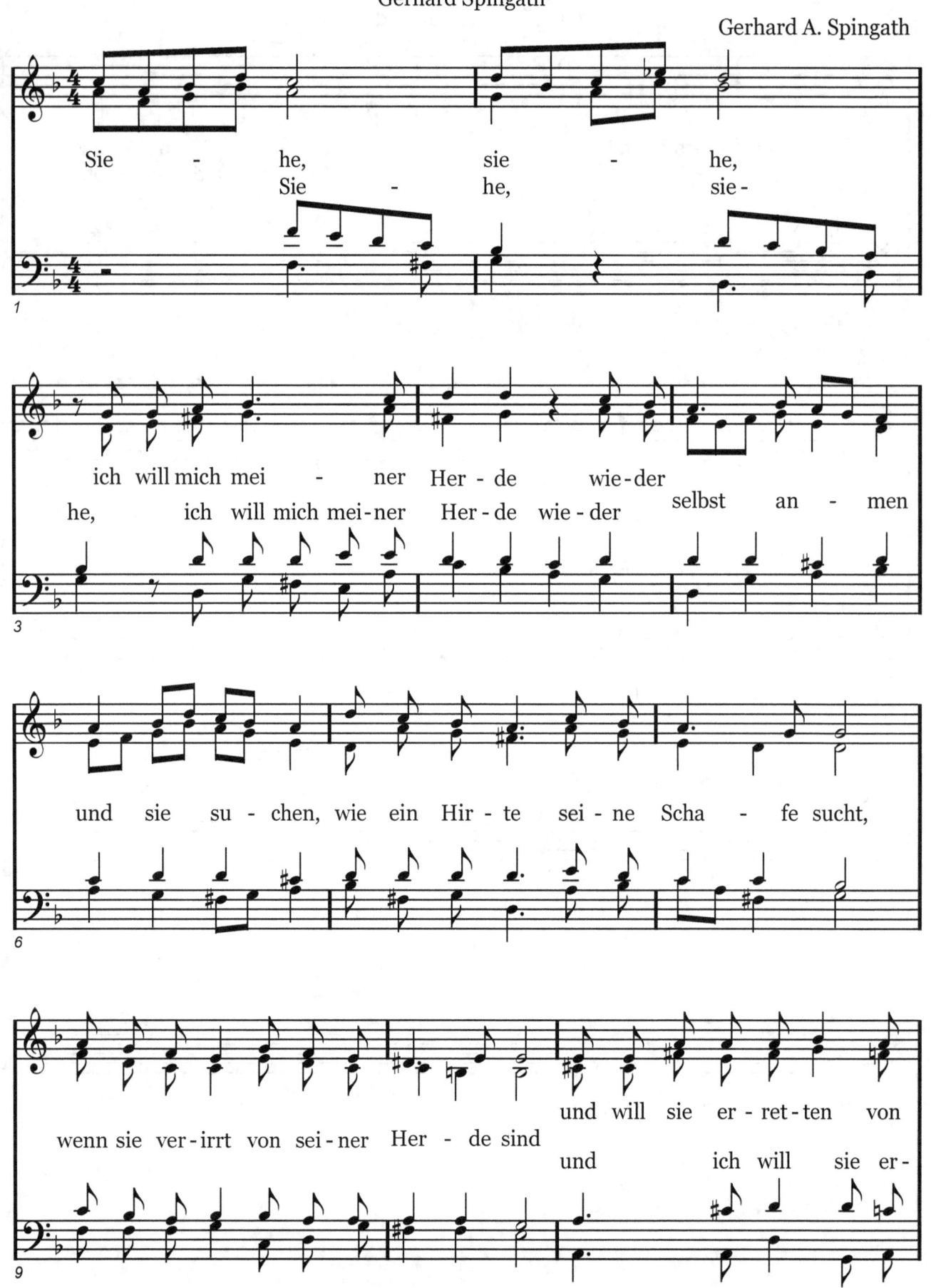

618.2

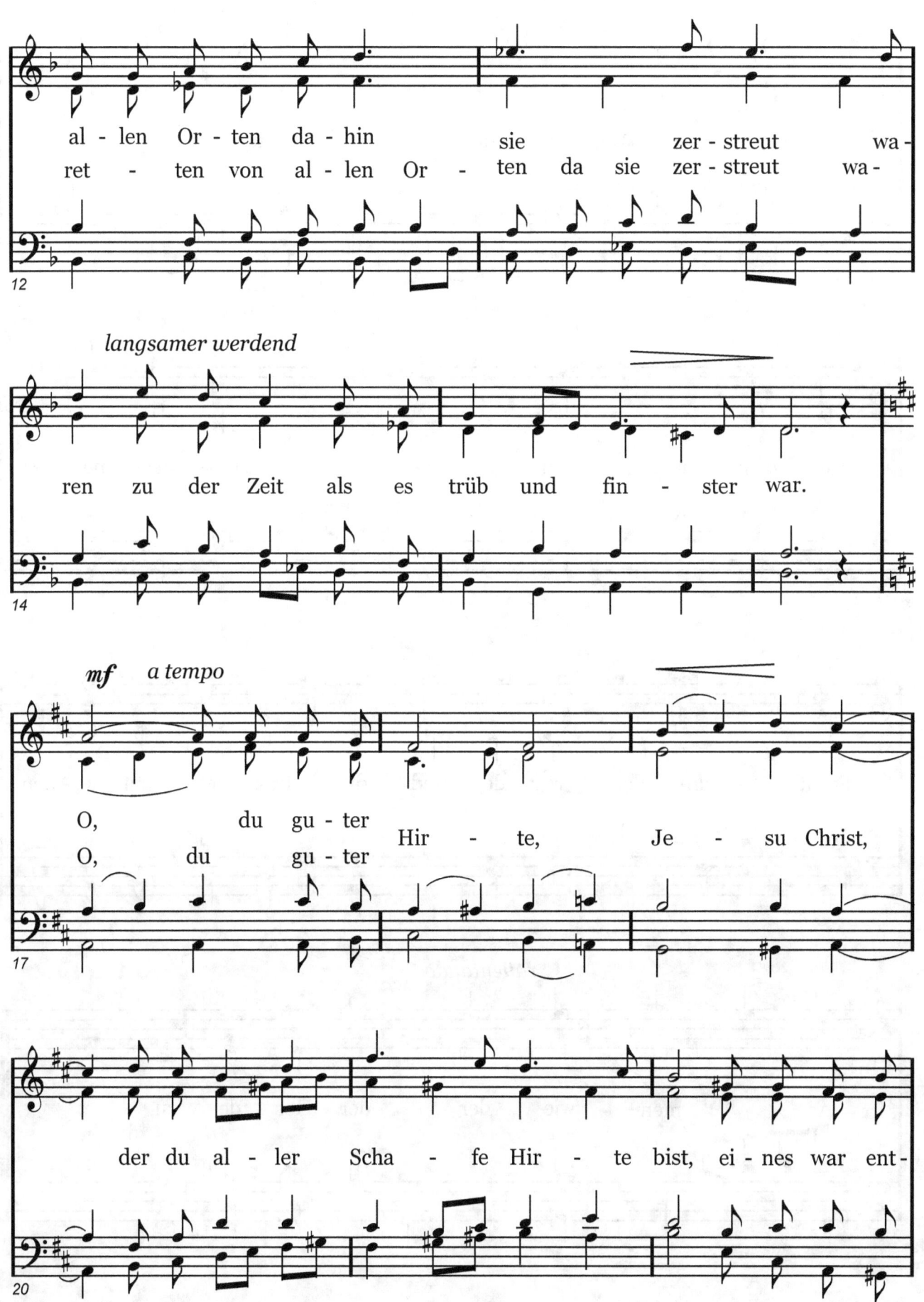

618.3

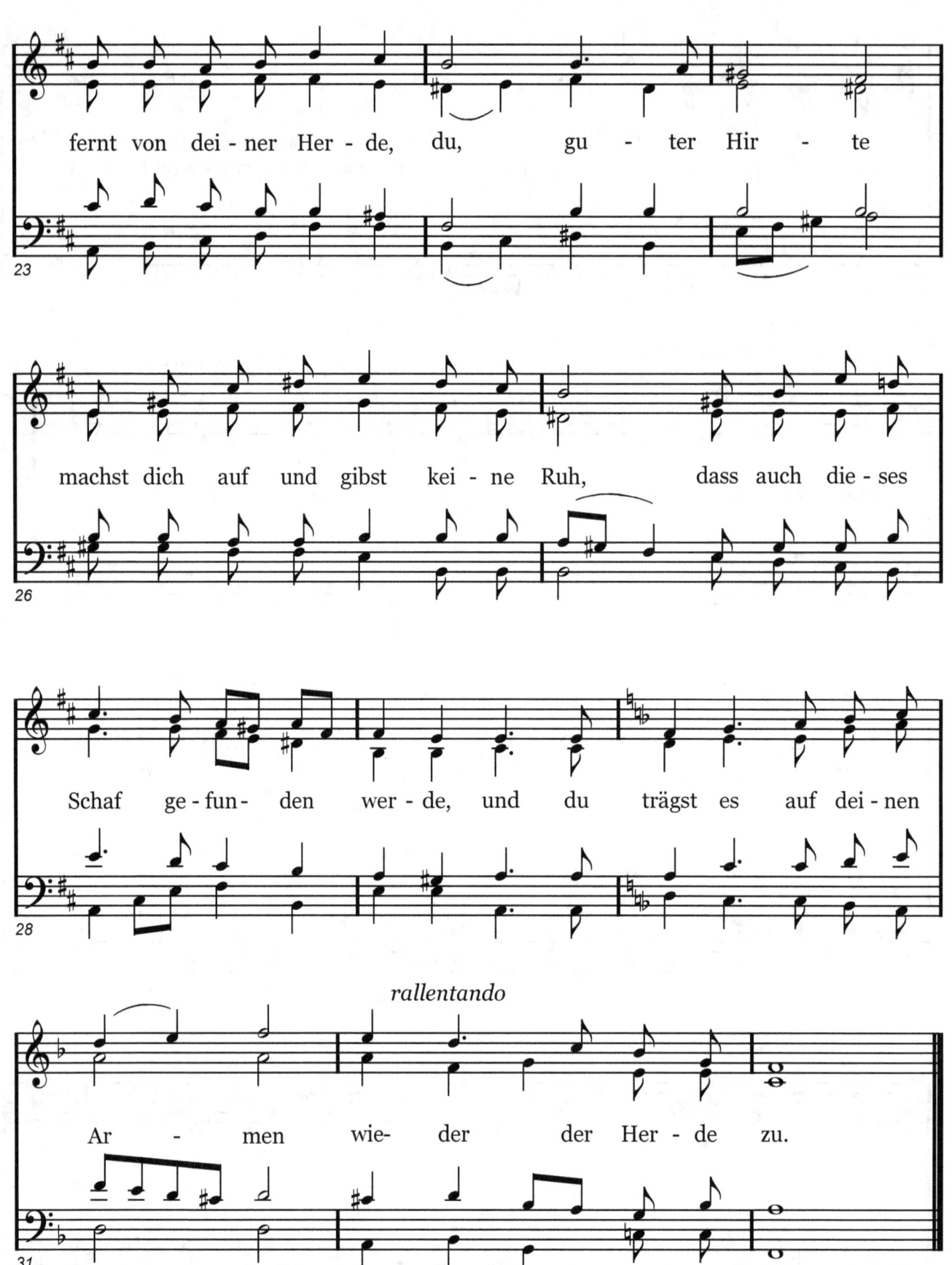

fernt von dei - ner Her - de, du, gu - ter Hir - te

machst dich auf und gibst kei - ne Ruh, dass auch die - ses

Schaf ge - fun - den wer - de, und du trägst es auf dei - nen

rallentando

Ar - men wie - der der Her - de zu.

Der Morgenstern gehet auf

Text u. Musik : Gerhard A. Spingath

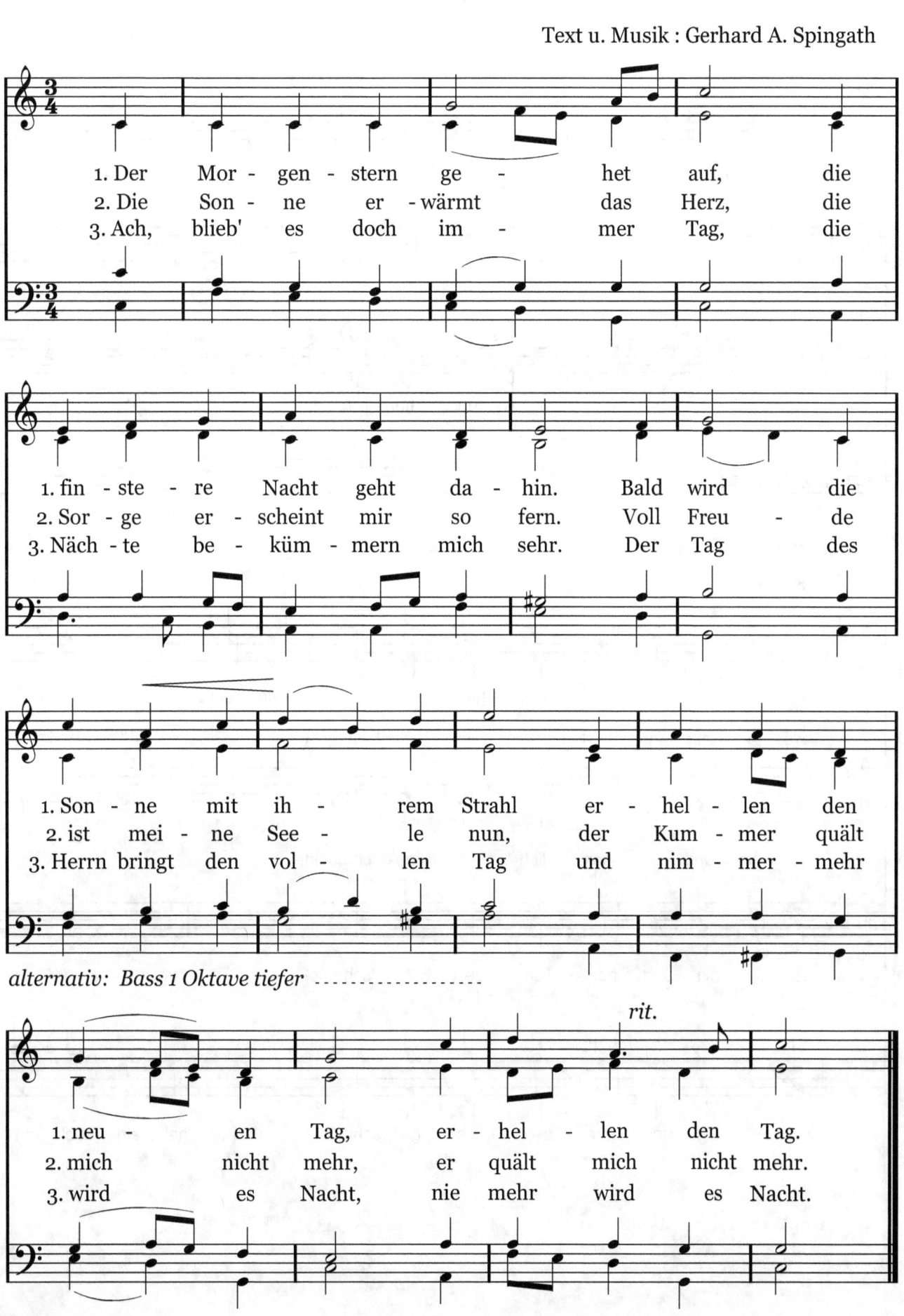

alternativ: Bass 1 Oktave tiefer - - - - - - - - - - - - - - - - - -

1. Der Morgenstern gehet auf, die finstere Nacht geht dahin. Bald wird die Sonne mit ihrem Strahl erhellen den neuen Tag, erhellen den Tag.

2. Die Sonne erwärmt das Herz, die Sorge erscheint mir so fern. Voll Freude ist meine Seele nun, der Kummer quält mich nicht mehr, er quält mich nicht mehr.

3. Ach, blieb' es doch immer Tag, die Nächte bekümmern mich sehr. Der Tag des Herrn bringt den vollen Tag und nimmermehr wird es Nacht, nie mehr wird es Nacht.

47 Der Herr ist König

Psalm 93

Gerhard A. Spingat

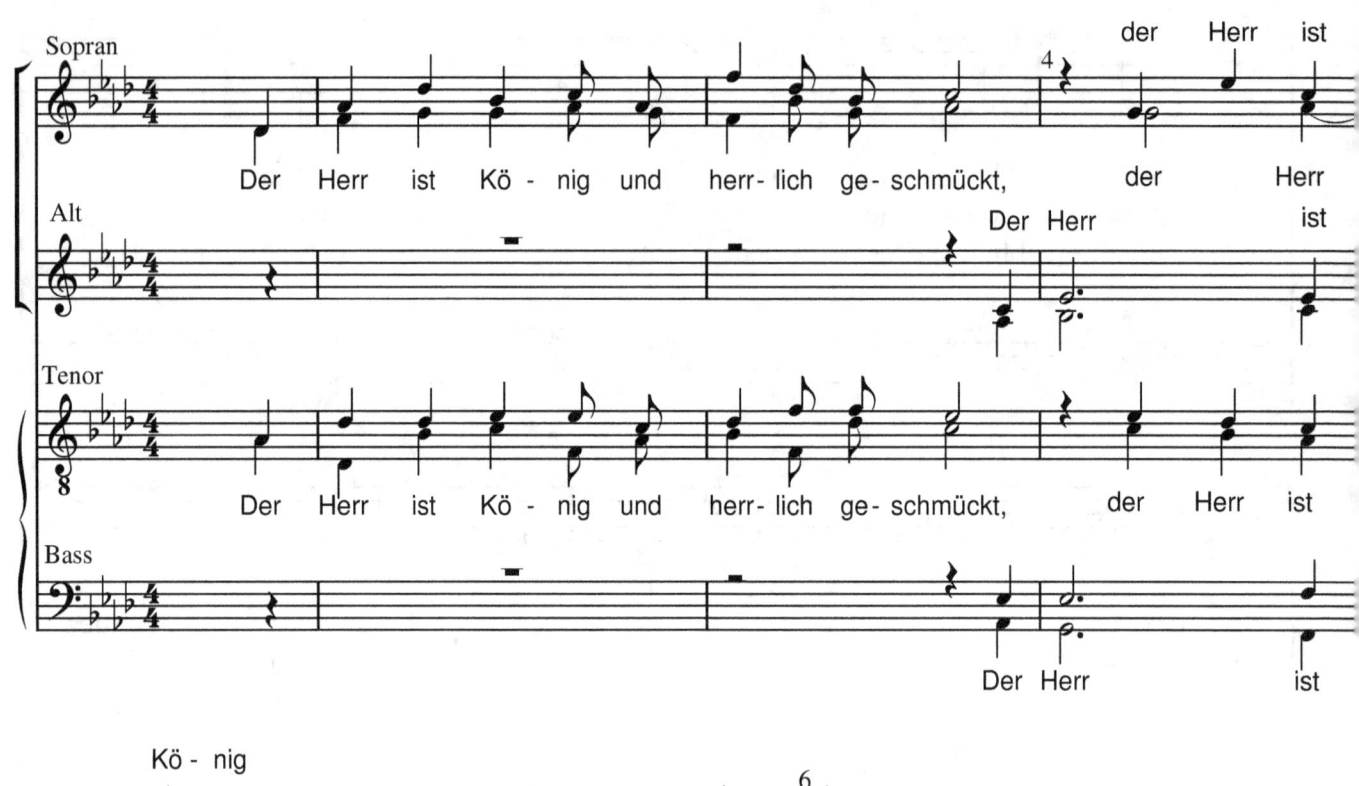

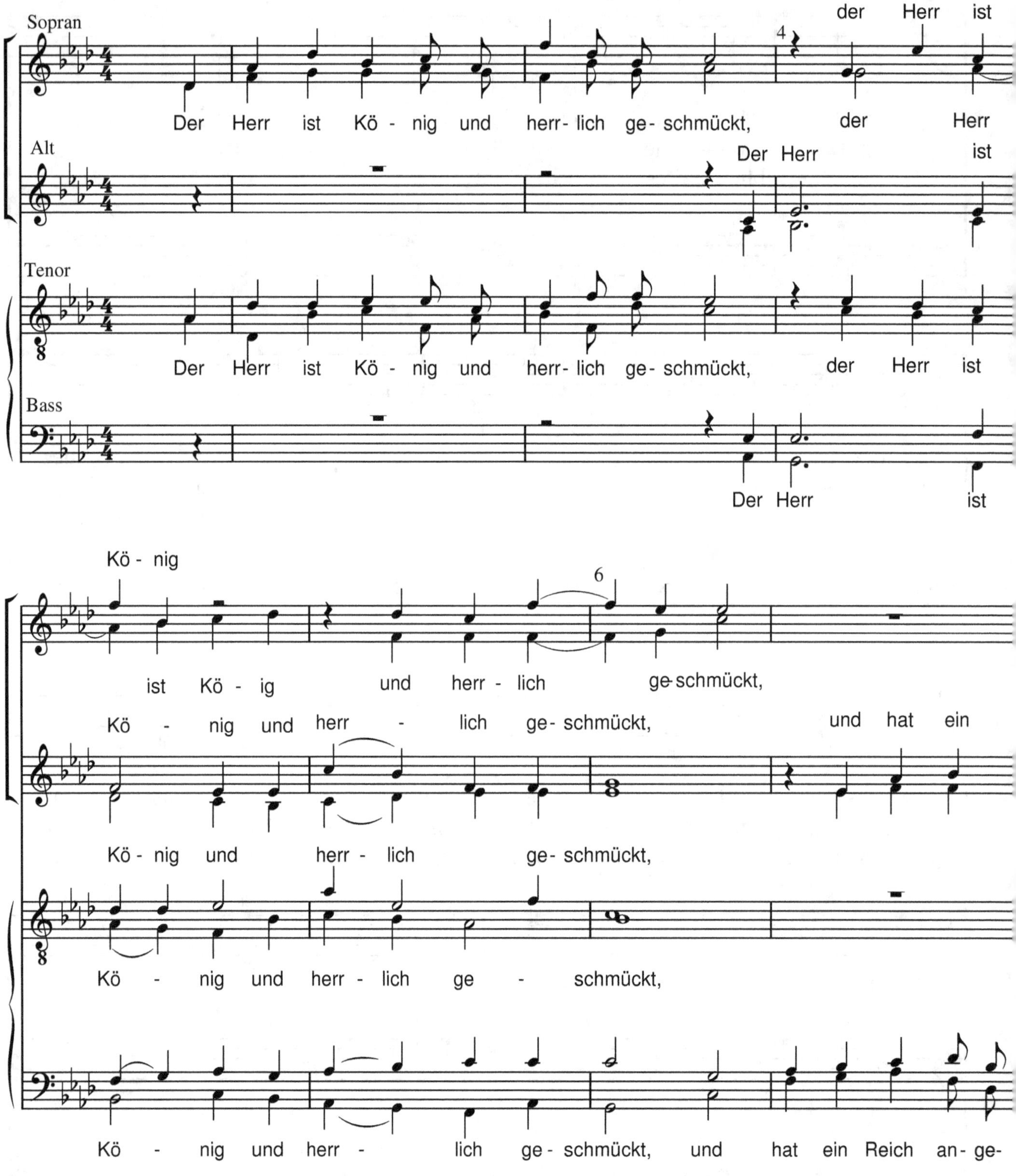

47.2

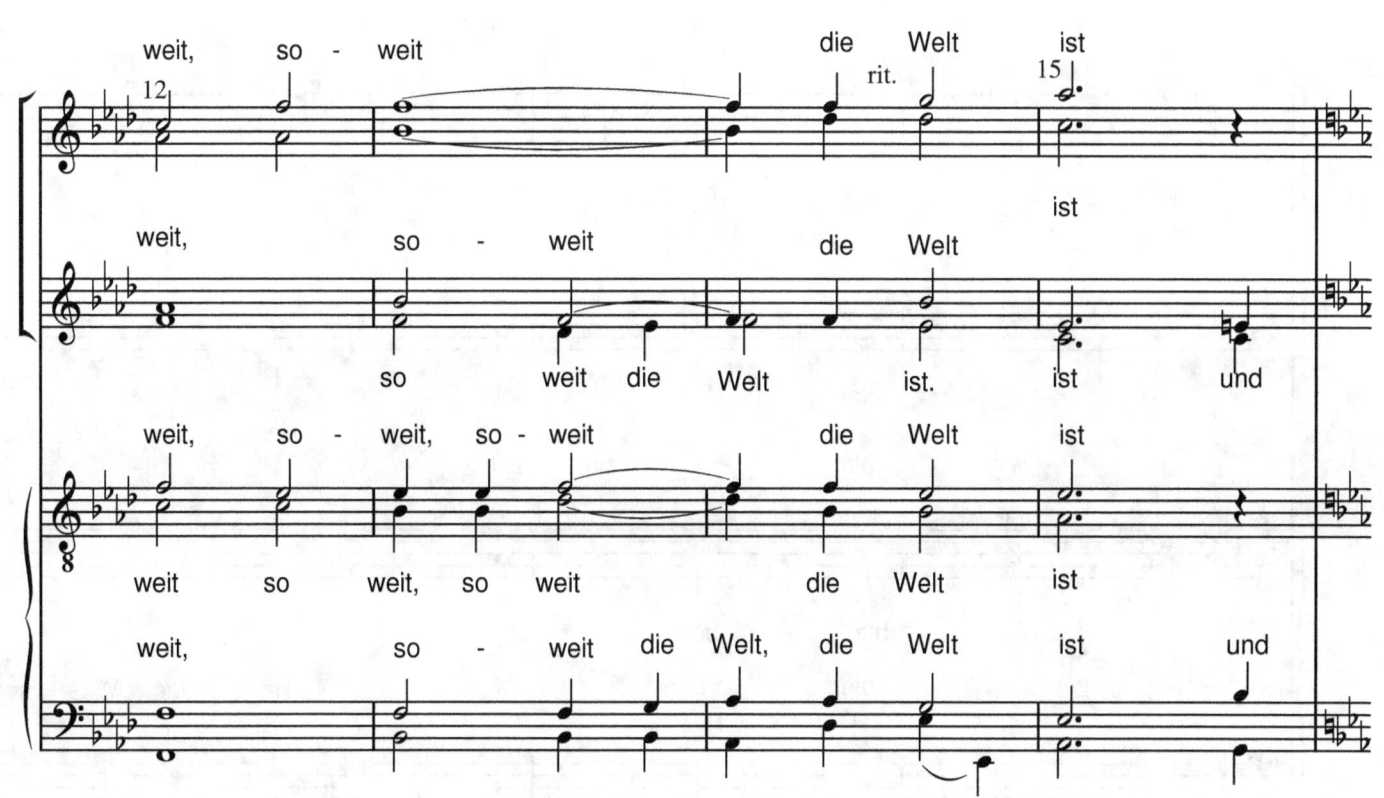

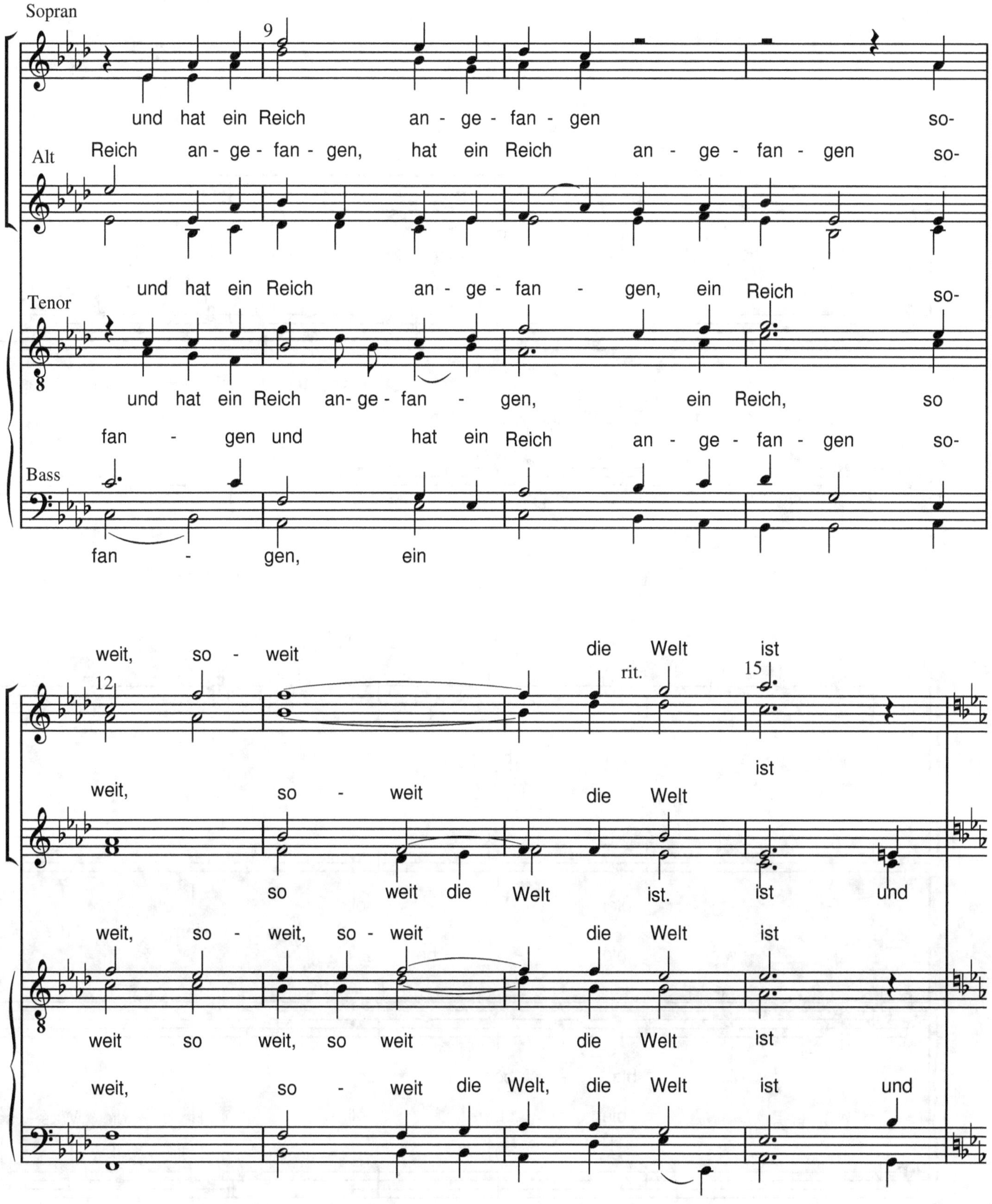

47.3

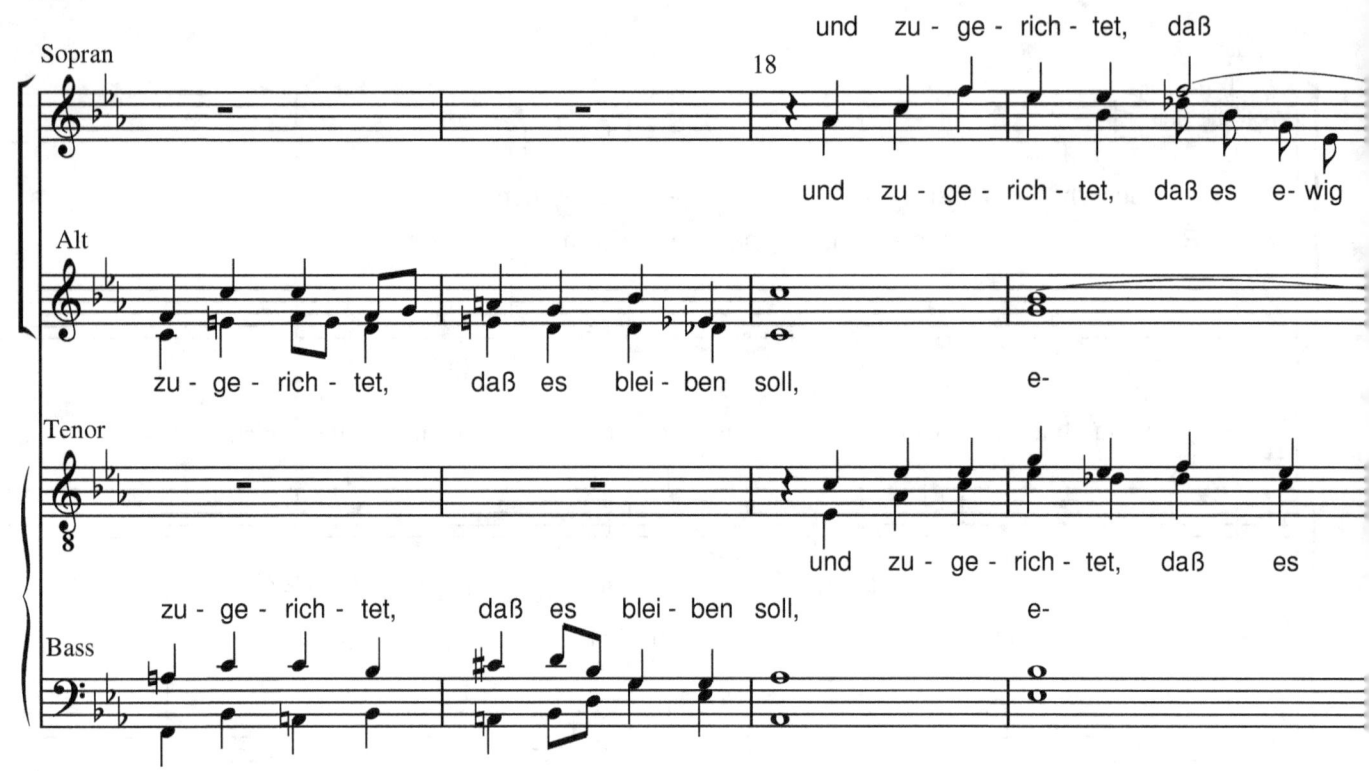

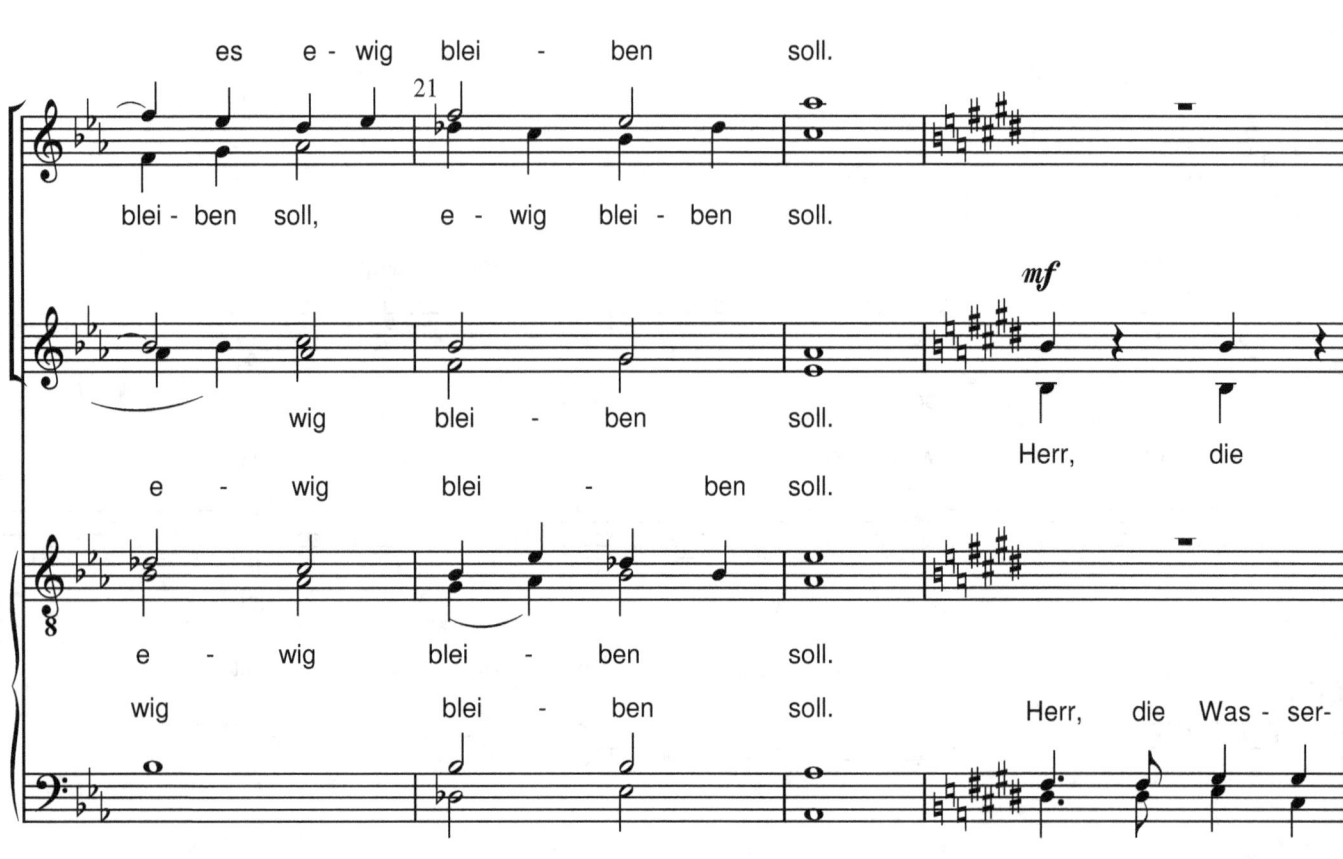

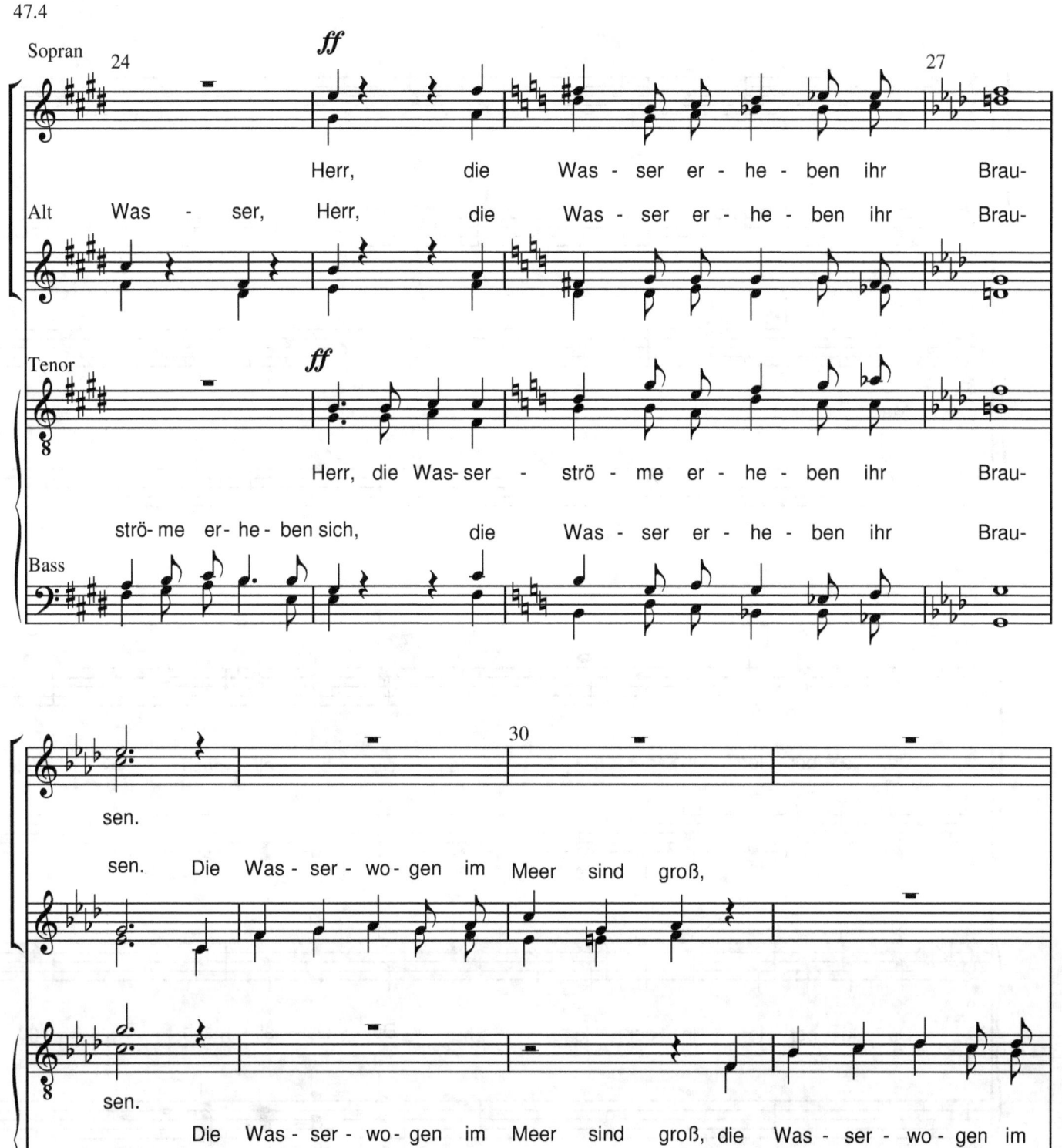

47.5

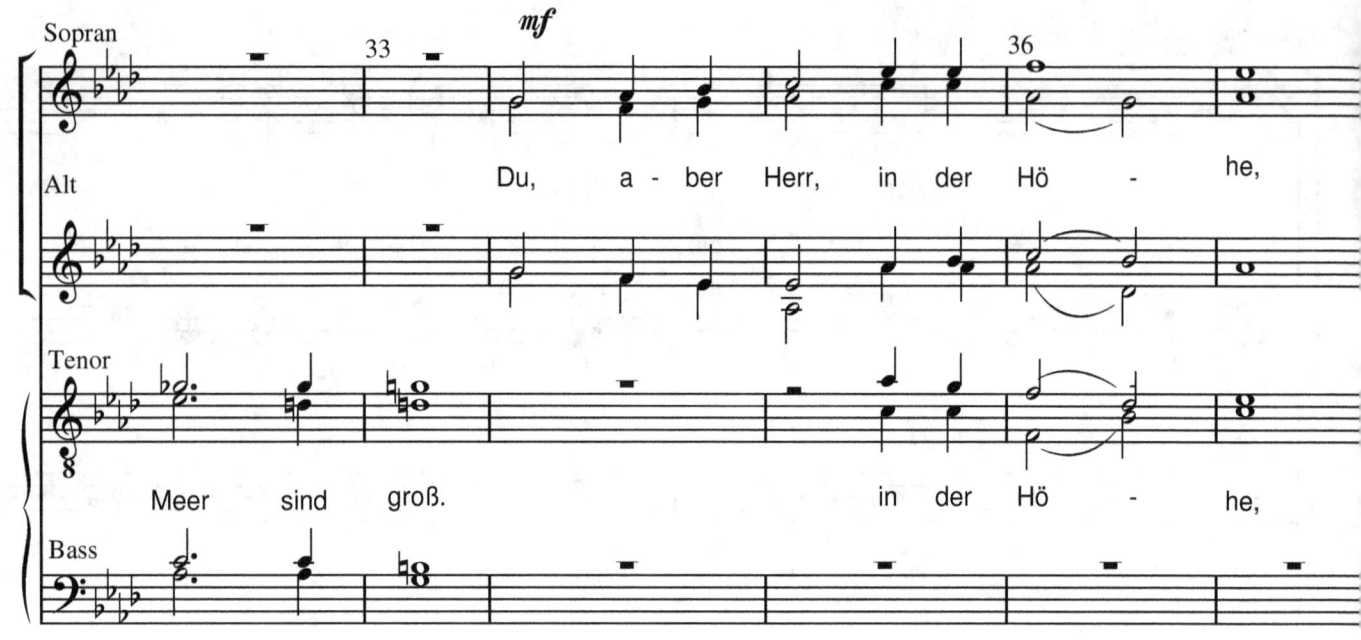

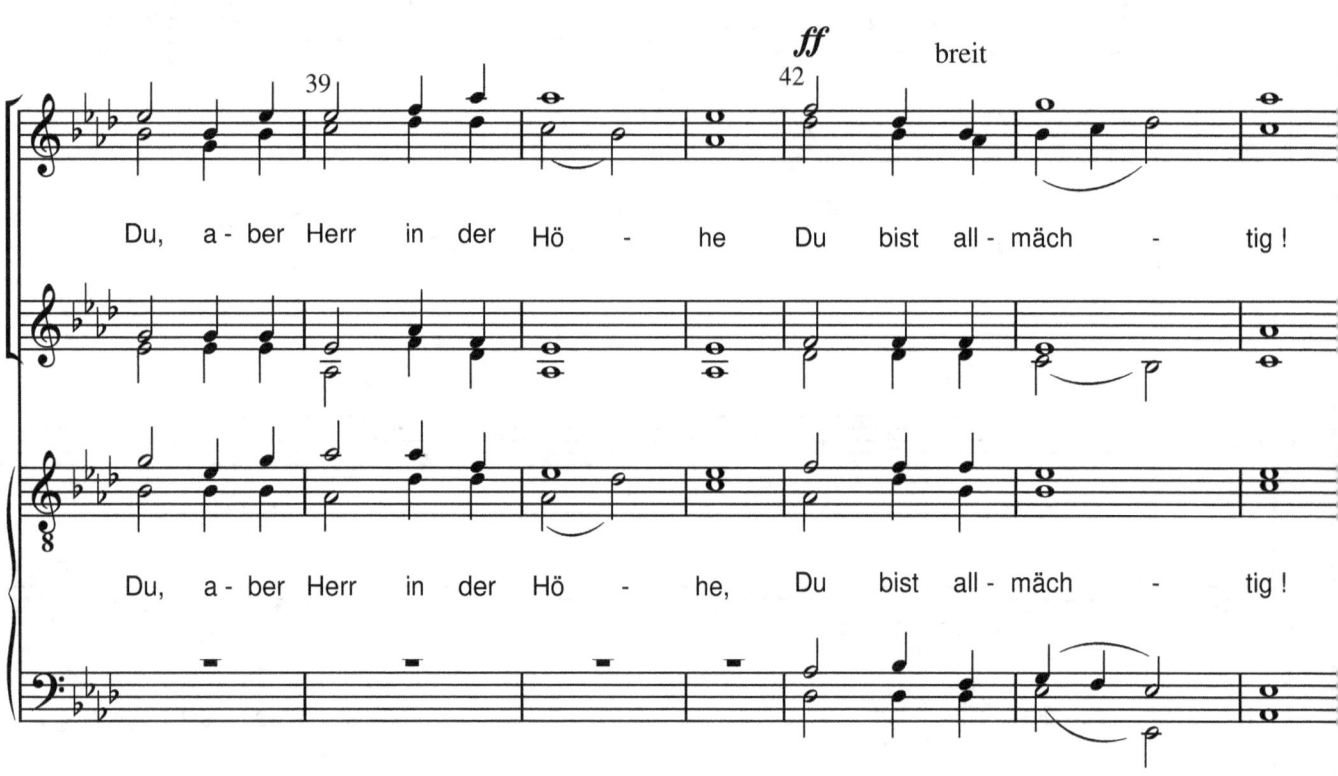

154 Der Herr wird für euch streiten

2. Mose, 14, 14; 15, 1 - 2

Gerhard A. Spingath

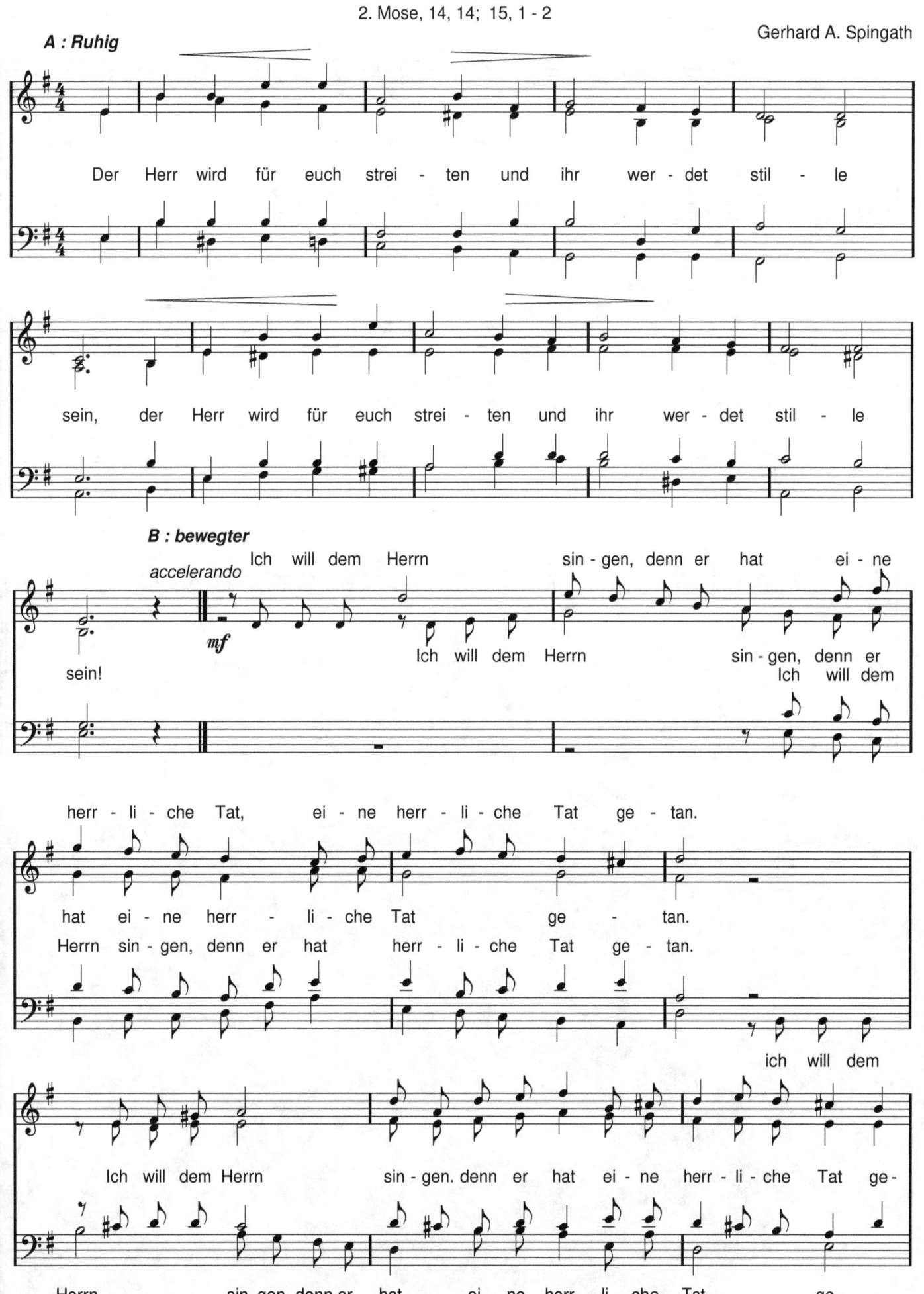

154.2

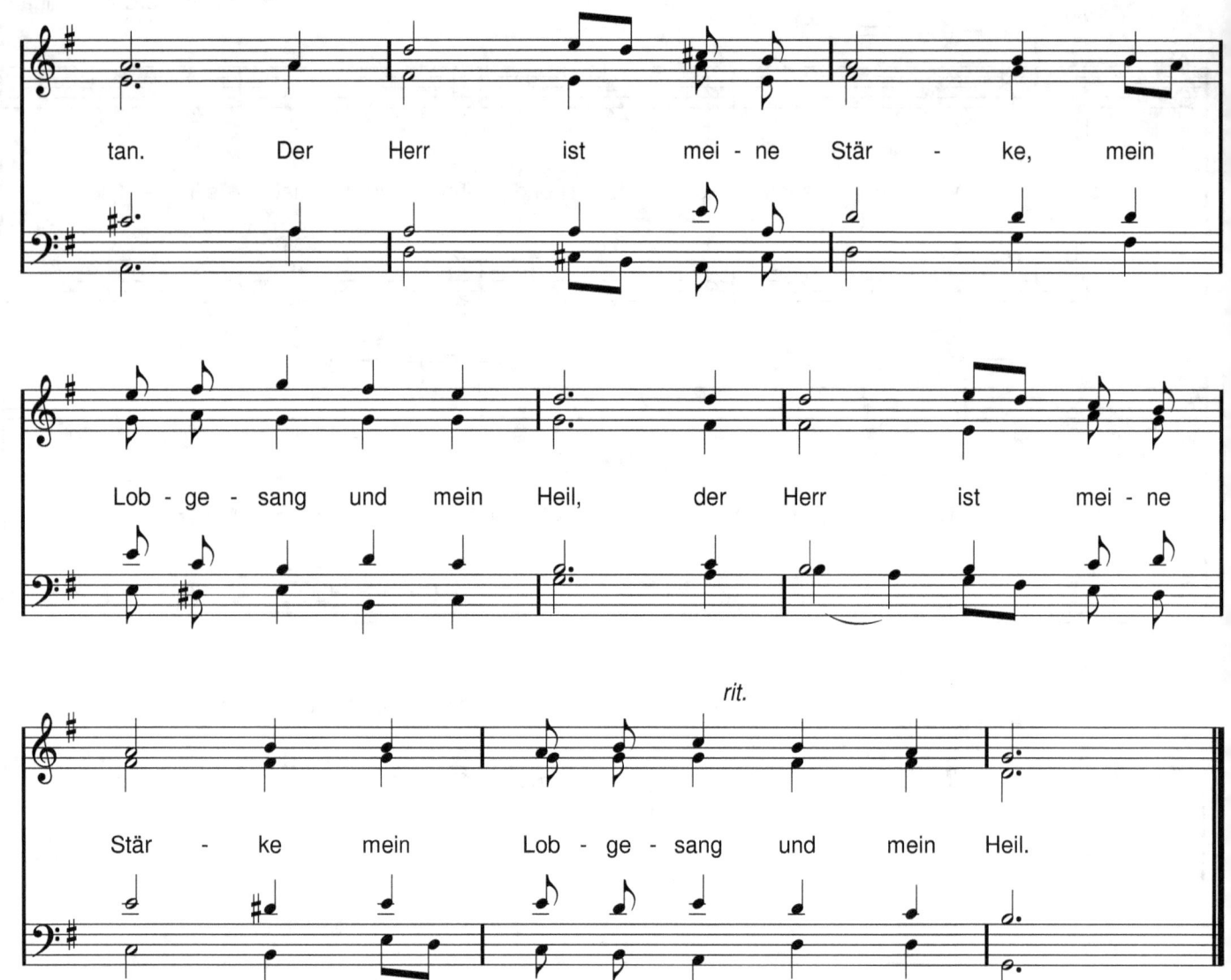

tan. Der Herr ist mei - ne Stär - ke, mein

Lob - ge - sang und mein Heil, der Herr ist mei - ne

rit.

Stär - ke mein Lob - ge - sang und mein Heil.

Jeder Teil kann für sich vorgetragen werden

L154_040905

178 Dich loben deine Werke

Arno Pötzsch

Gerhard A. Spingath

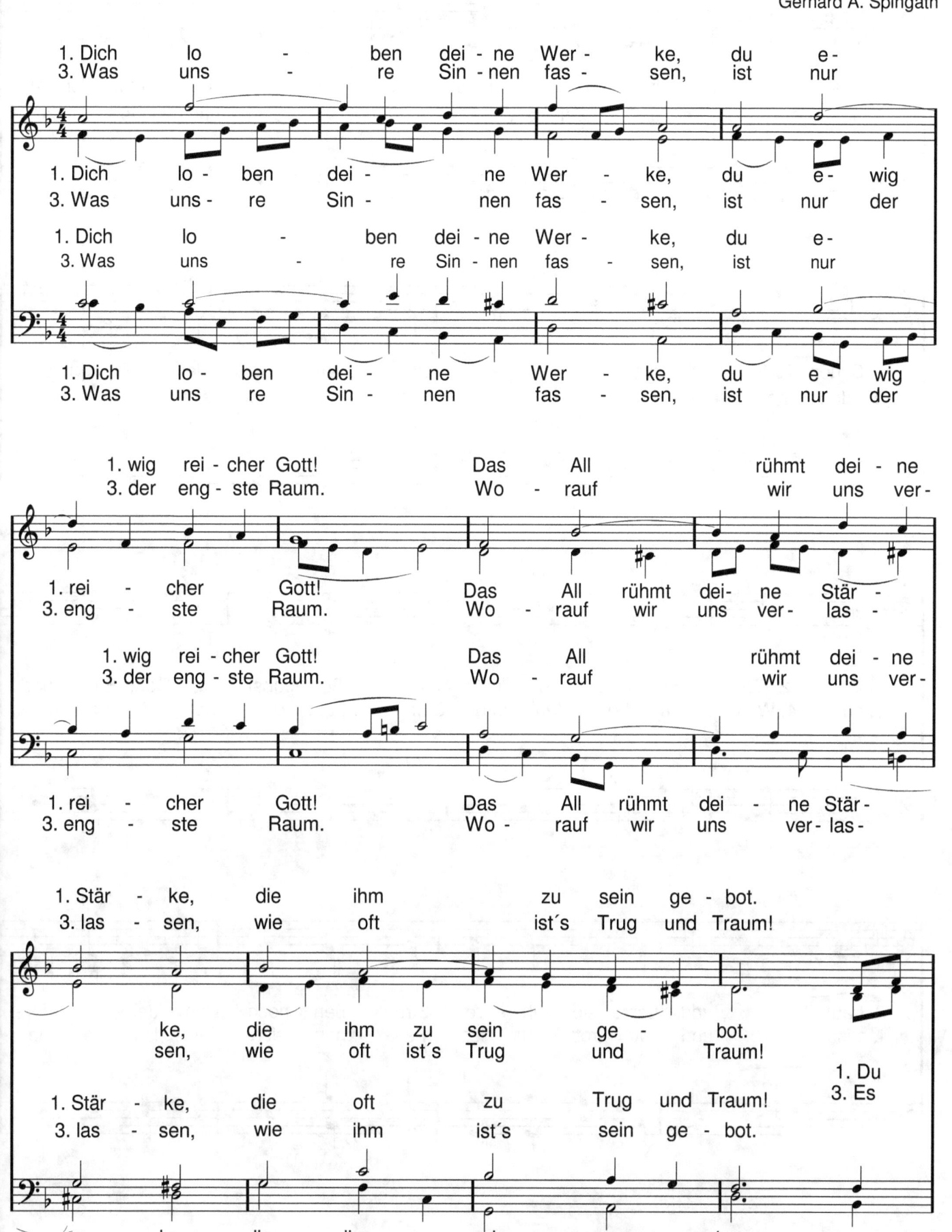

178.2

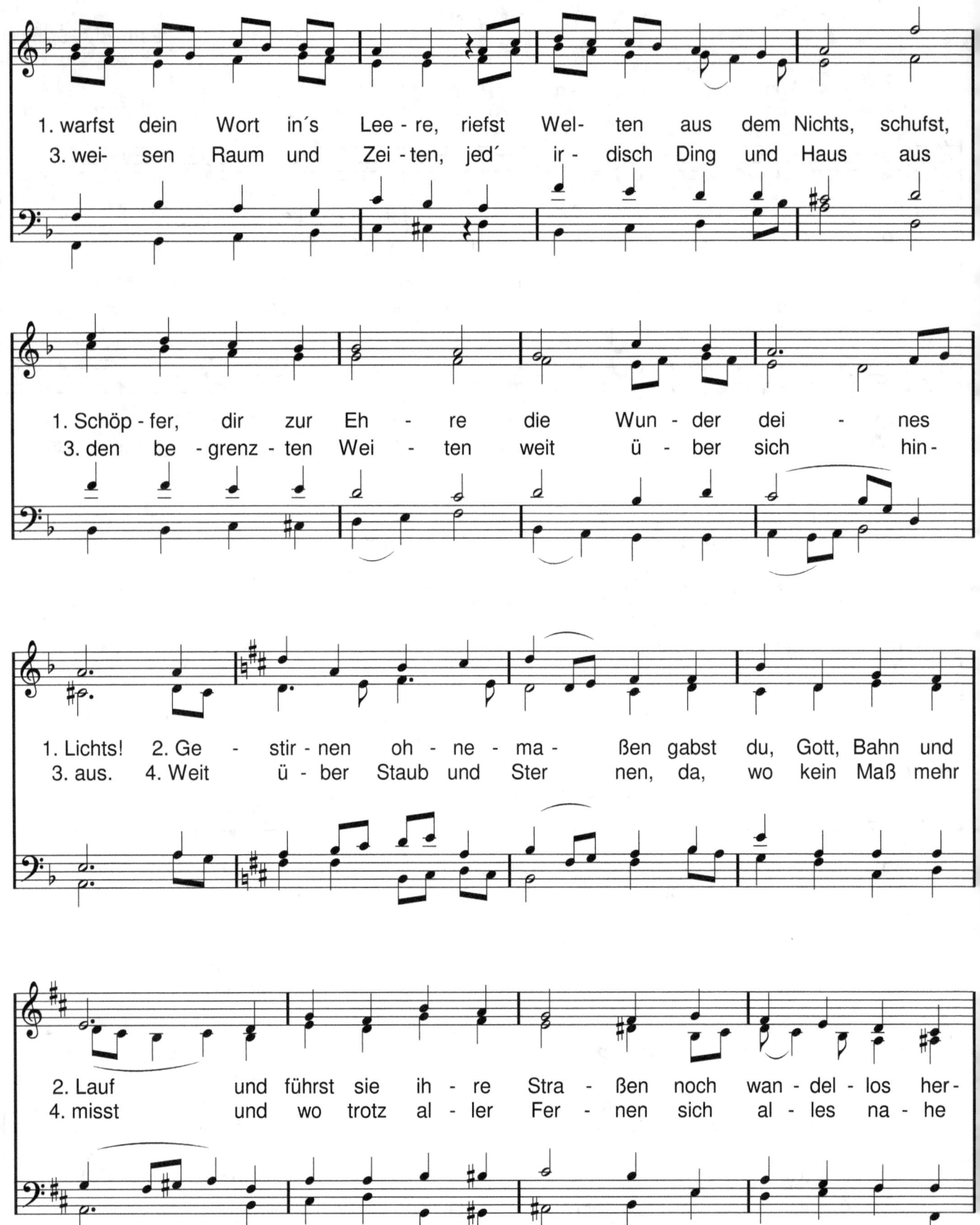

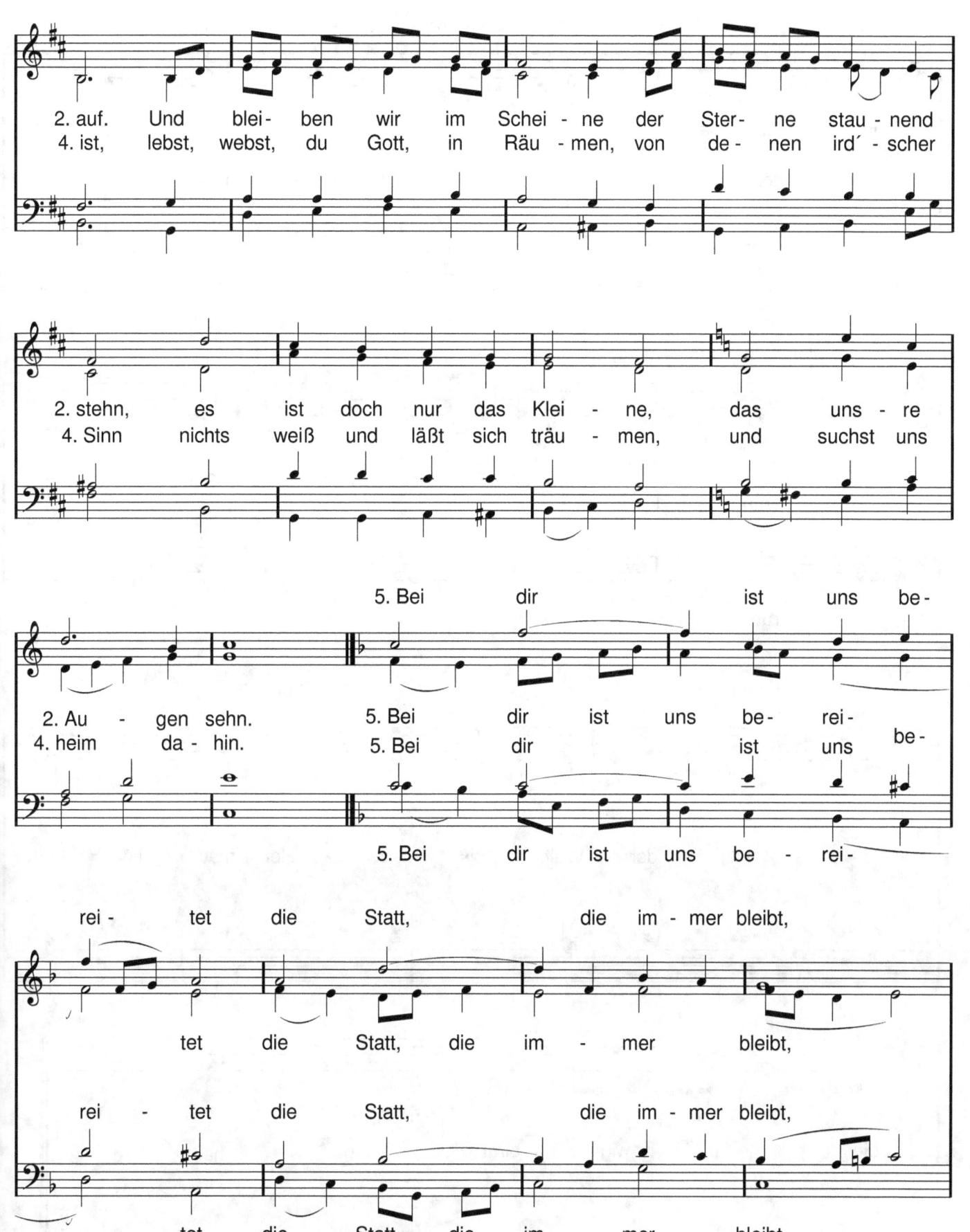

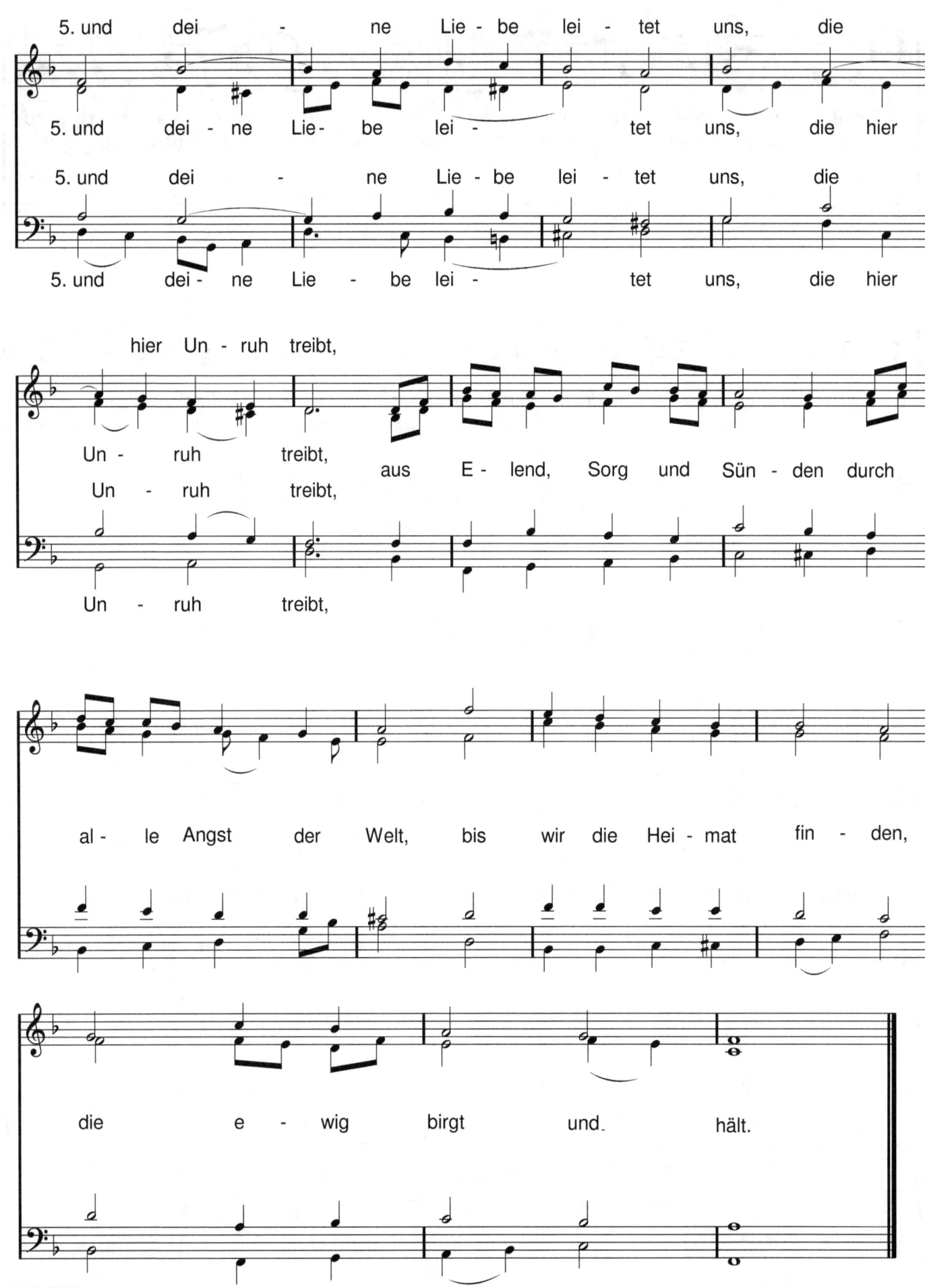

Die Herrlichkeit des Hauses Gottes

aus Haggai 2

Gerhard A. Spingath

M = 60

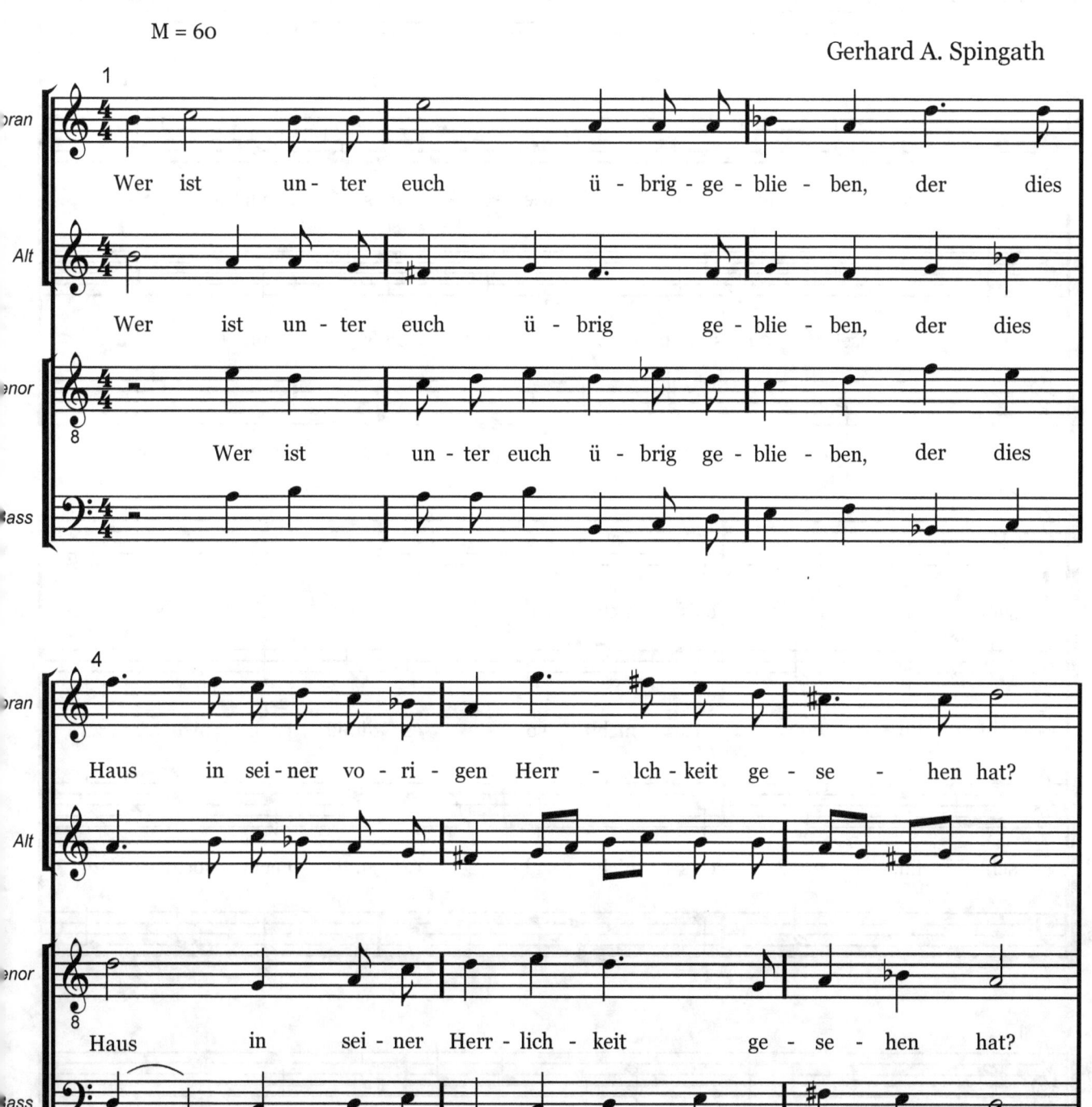

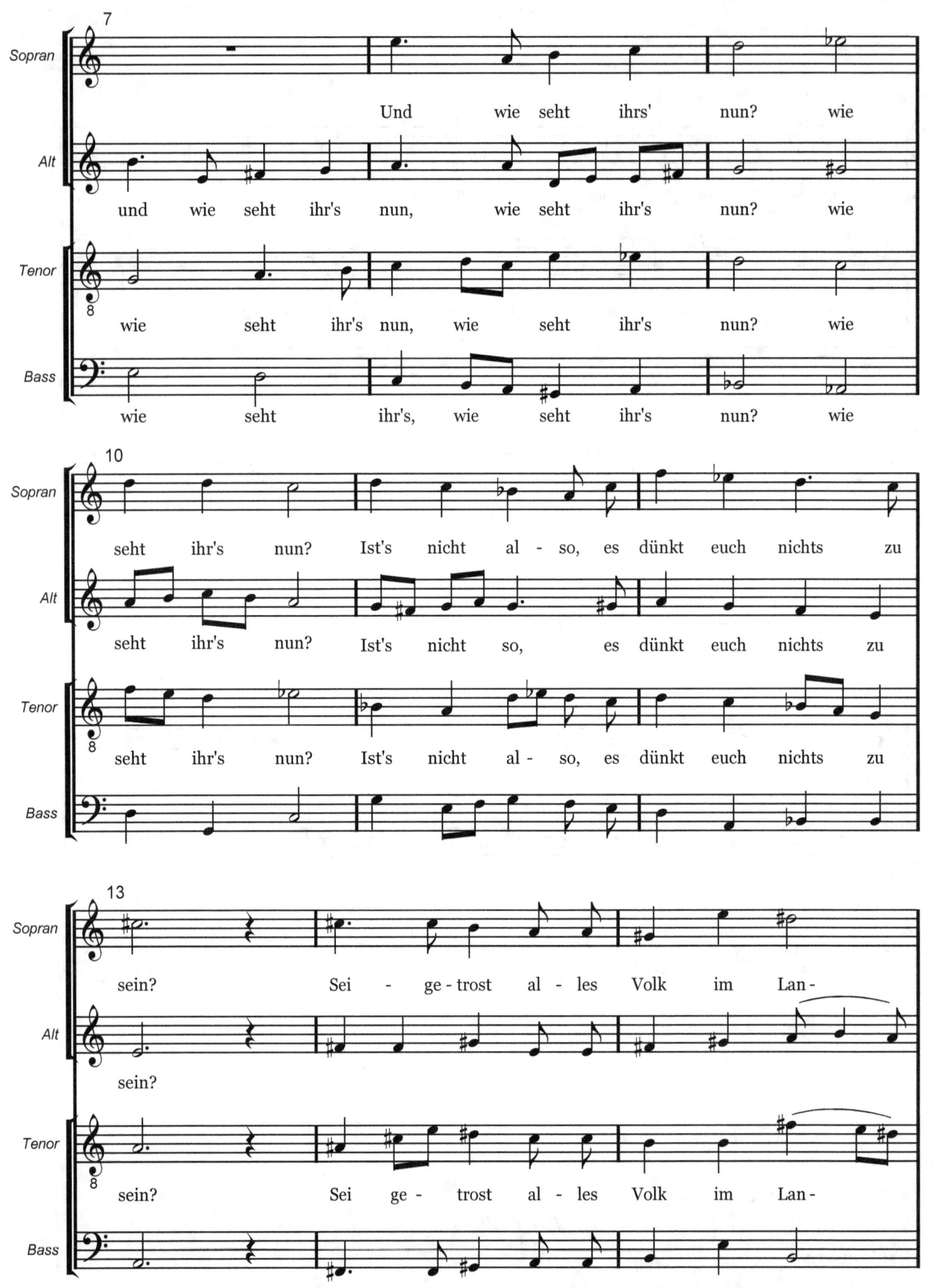

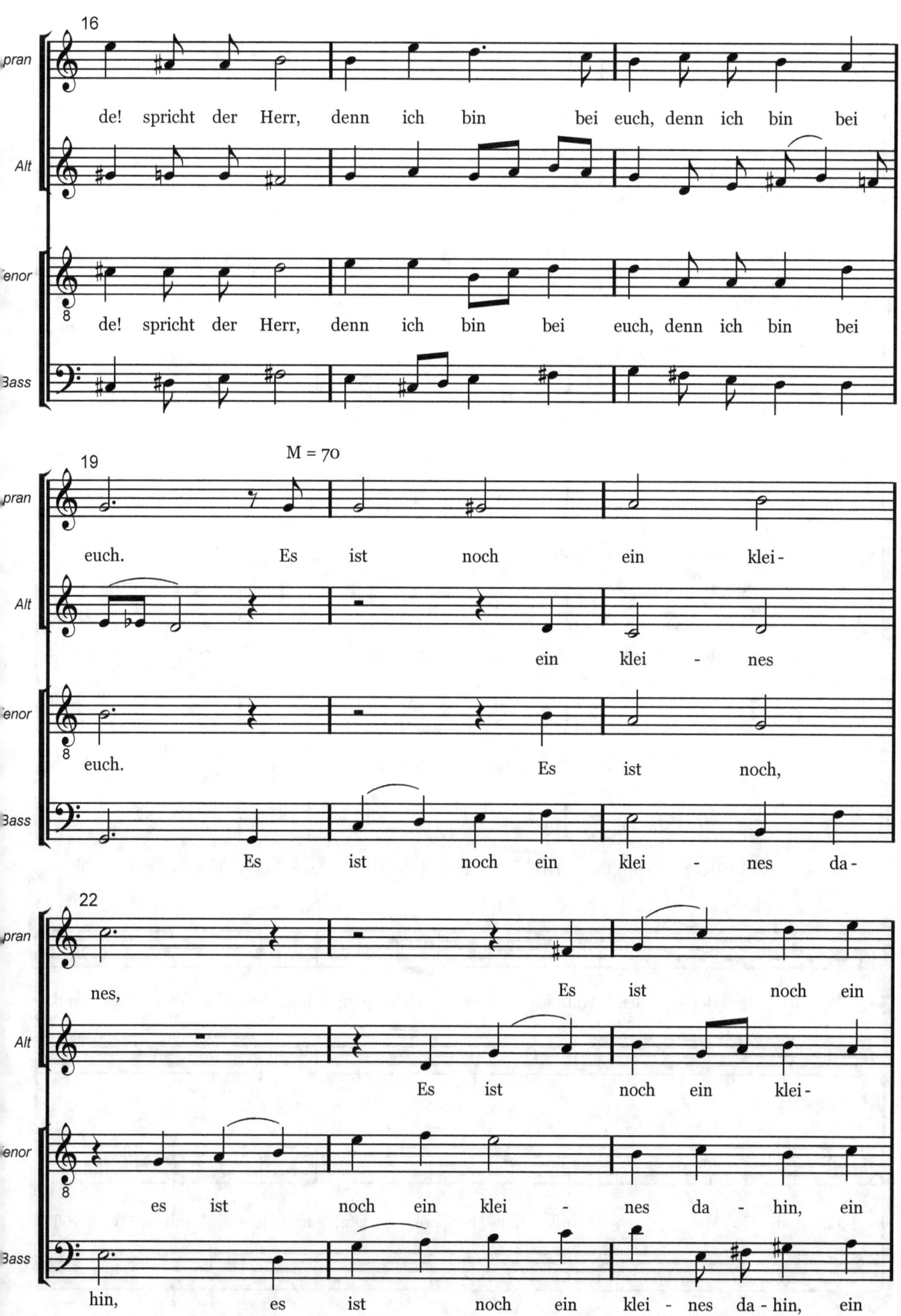

M = 80

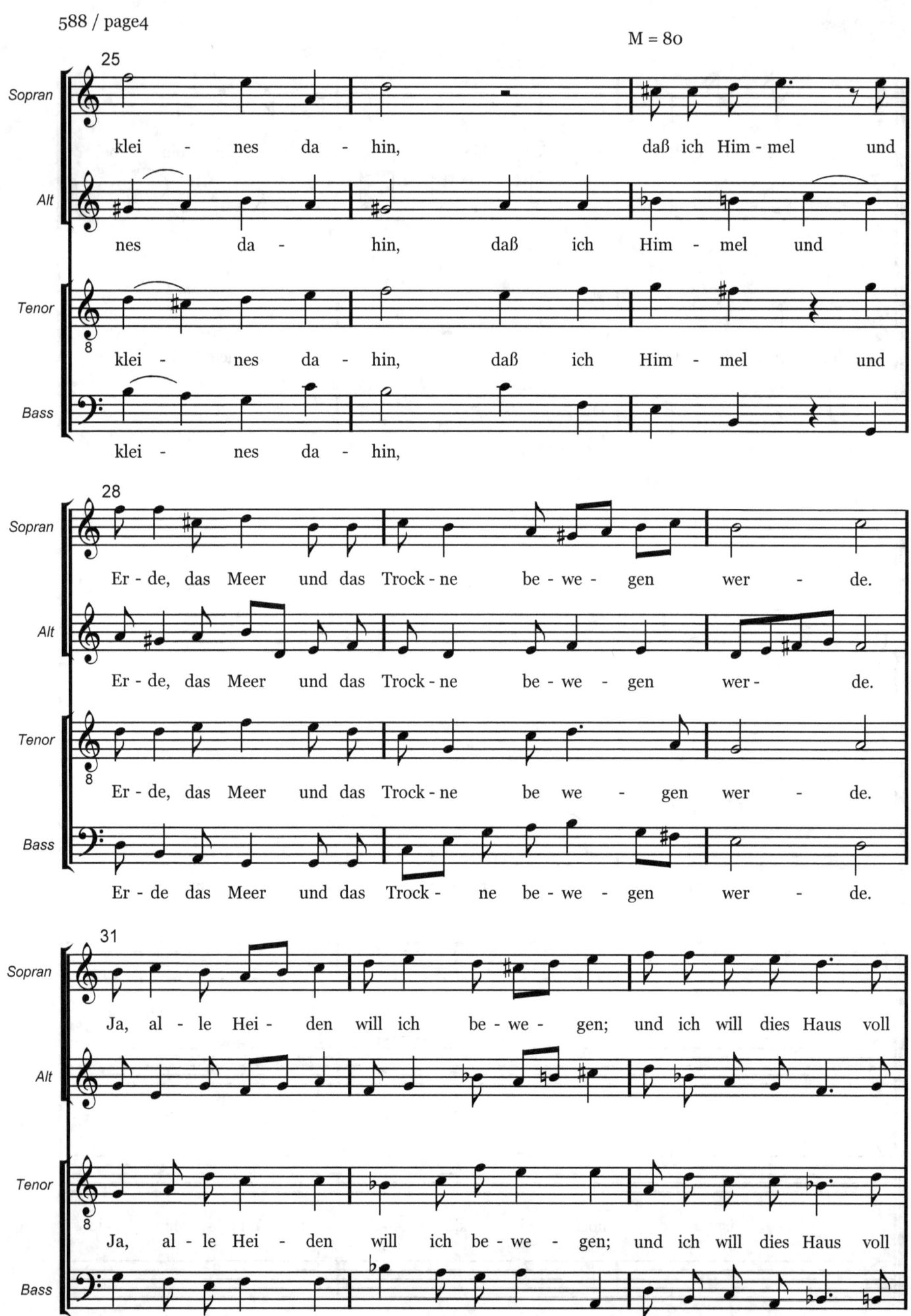

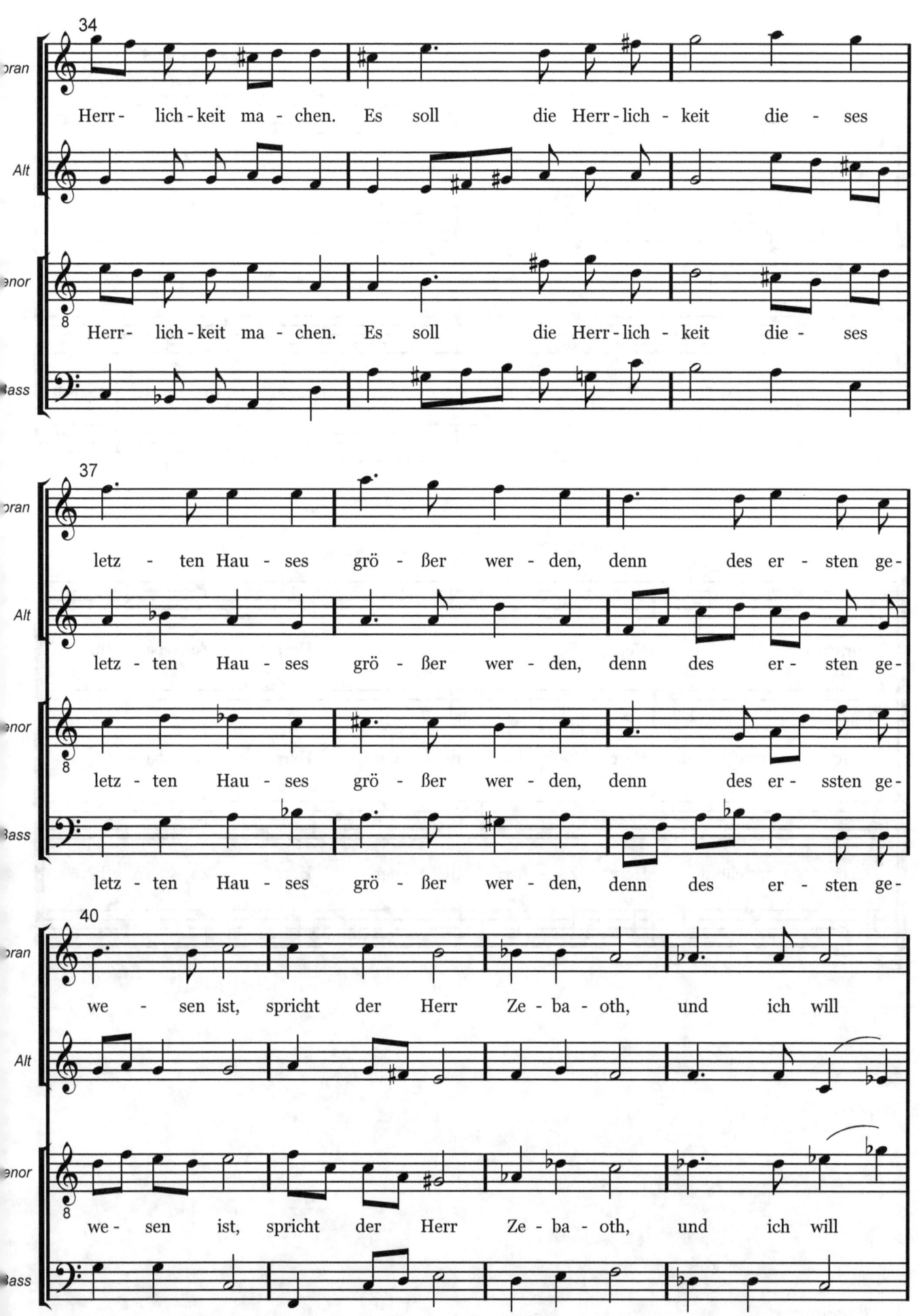

Herr - lich - keit ma - chen. Es soll die Herr - lich - keit die - ses

letz - ten Hau - ses grö - ßer wer - den, denn des er - sten ge -

we - sen ist, spricht der Herr Ze - ba - oth, und ich will

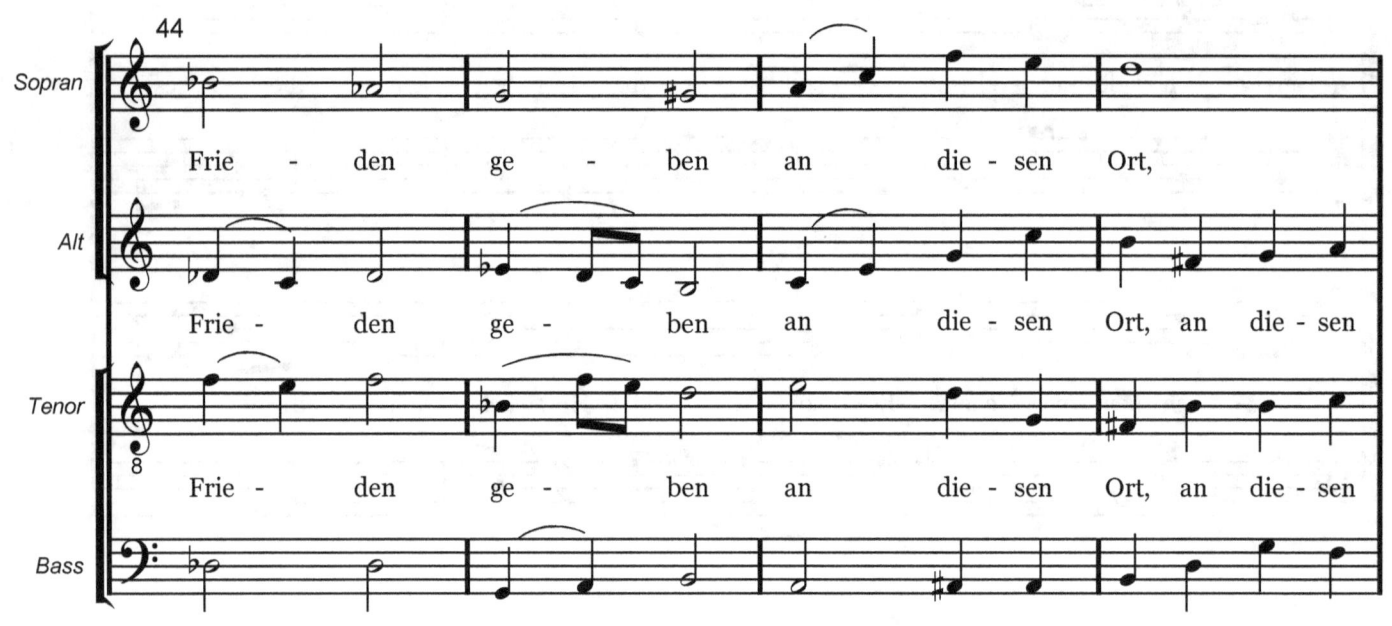

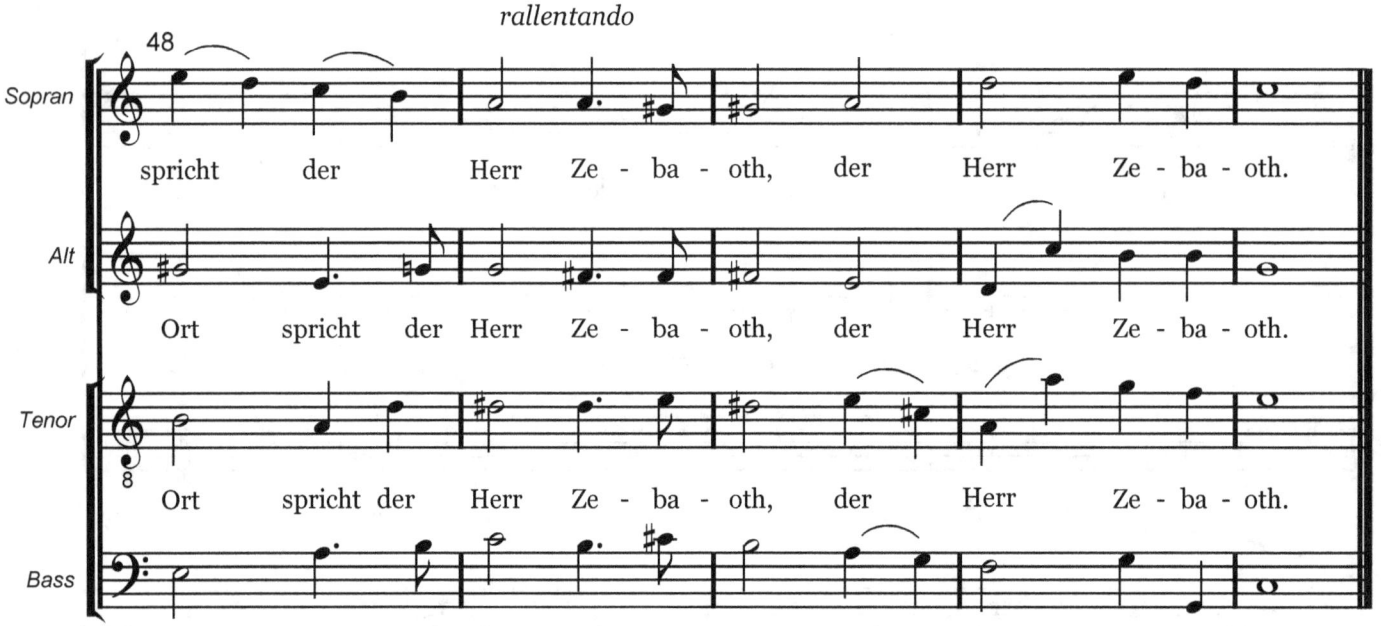

Die Sonne versinkt

Text u. Musik : Gerhard A. Spingath

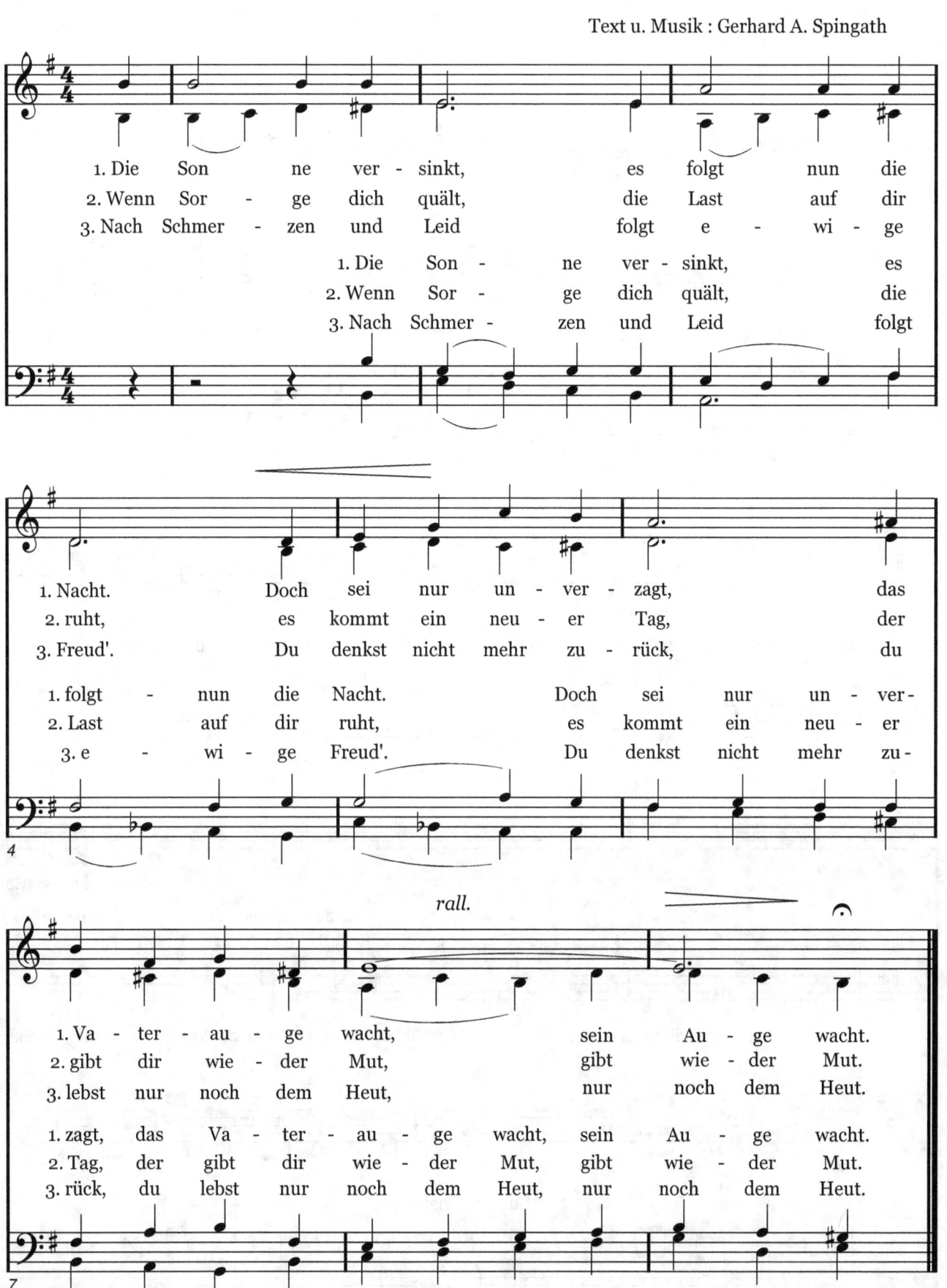

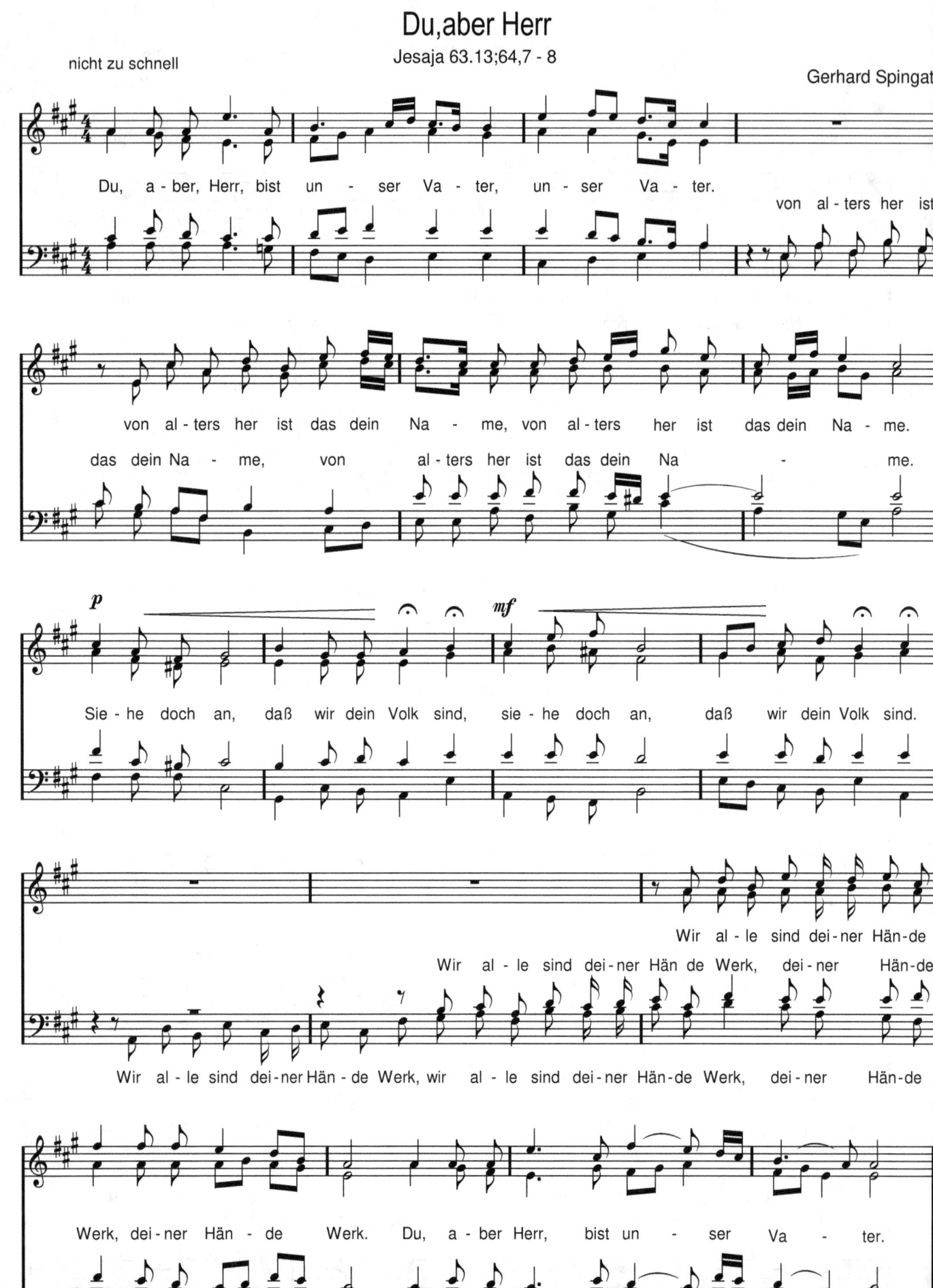

Du, aber Herr
Jesaja 63.13;64,7 - 8

Gerhard Spingat

nicht zu schnell

Du, a - ber, Herr, bist un - ser Va - ter, un - ser Va - ter.
von al - ters her ist

von al - ters her ist das dein Na - me, von al - ters her ist das dein Na - me.
das dein Na - me, von al - ters her ist das dein Na - - me.

Sie - he doch an, daß wir dein Volk sind, sie - he doch an, daß wir dein Volk sind.

Wir al - le sind dei - ner Hän - de
Wir al - le sind dei - ner Hän de Werk, dei - ner Hän - de
Wir al - le sind dei - ner Hän - de Werk, wir al - le sind dei - ner Hän - de Werk, dei - ner Hän - de

Werk, dei - ner Hän - de Werk. Du, a - ber Herr, bist un - ser Va - ter.

L 050_270412

Du bist erwählt

Text u. Musik : Gerhard A. Spingath

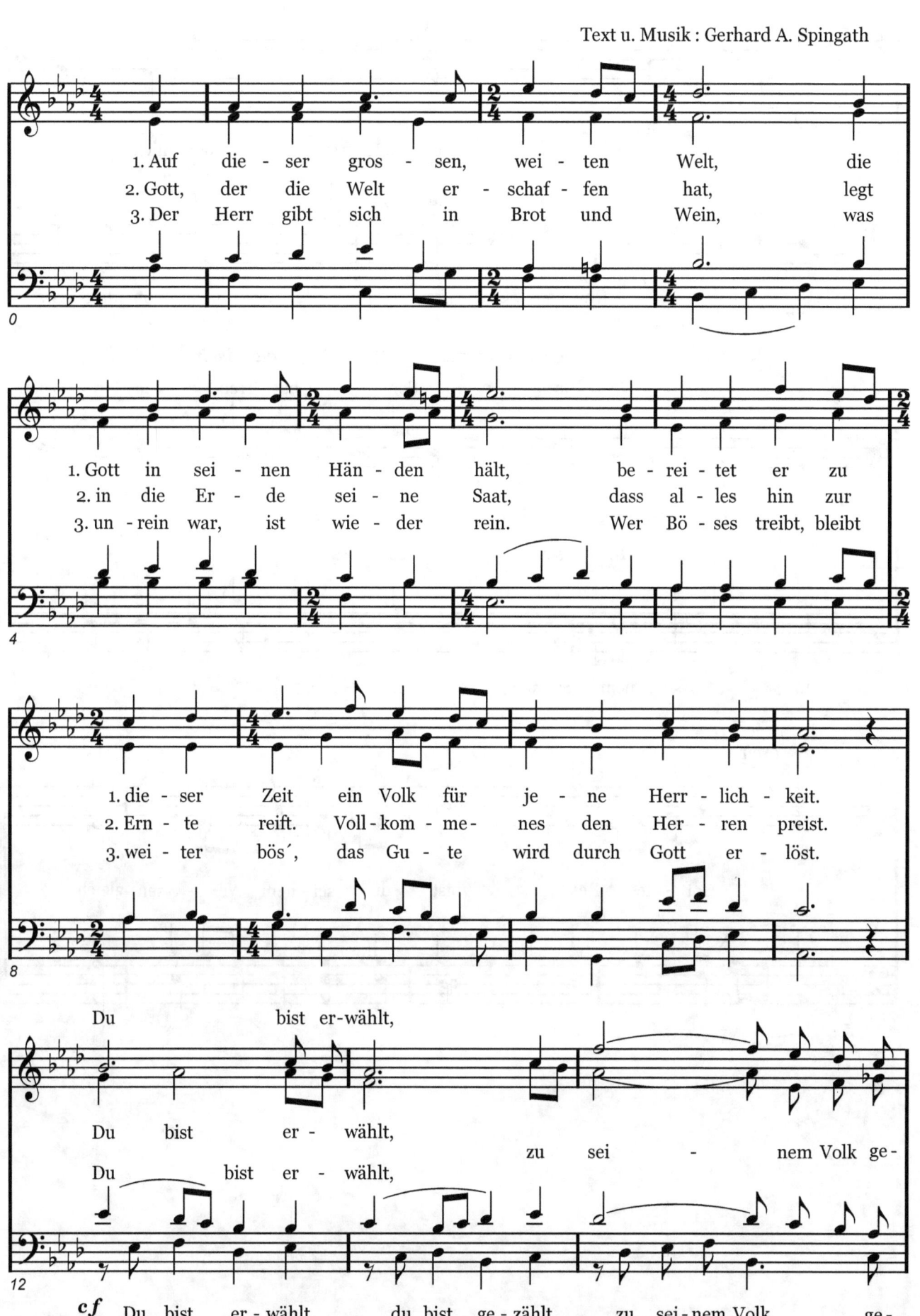

L 572_180316

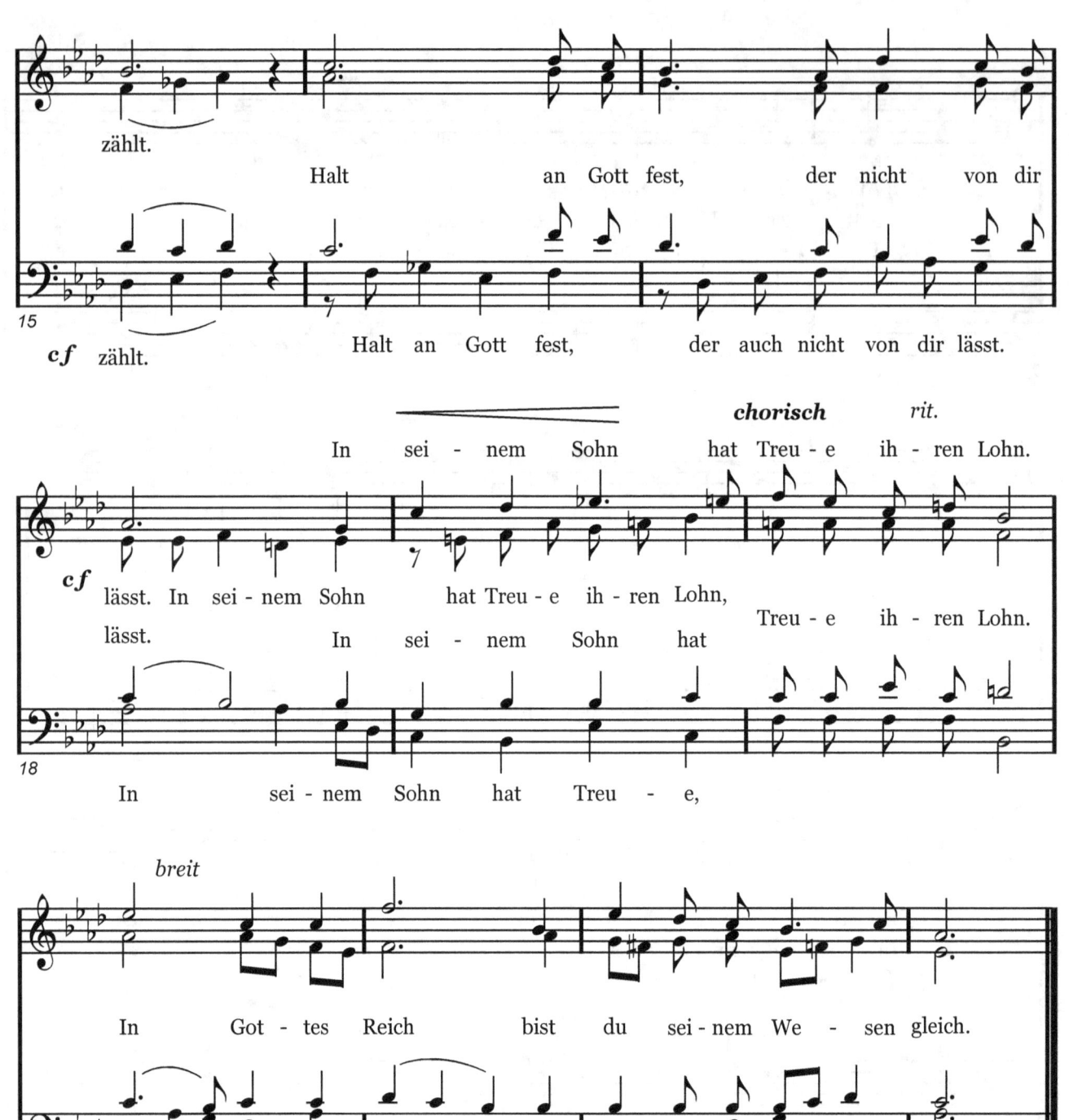

Du bist Gott, wie groß bist du?

Text u. Musik: Gerhard A. Spingath

Alt cf

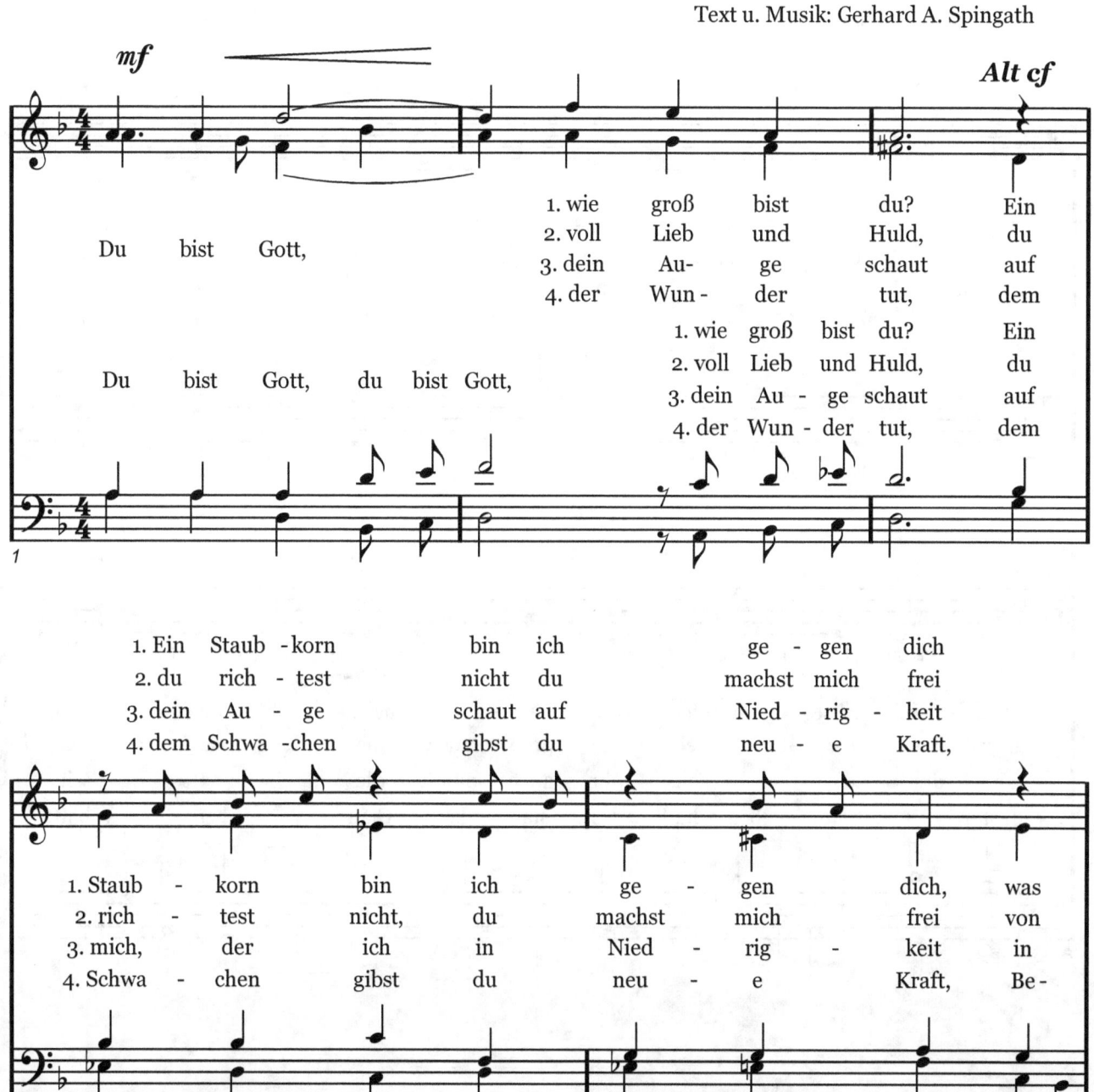

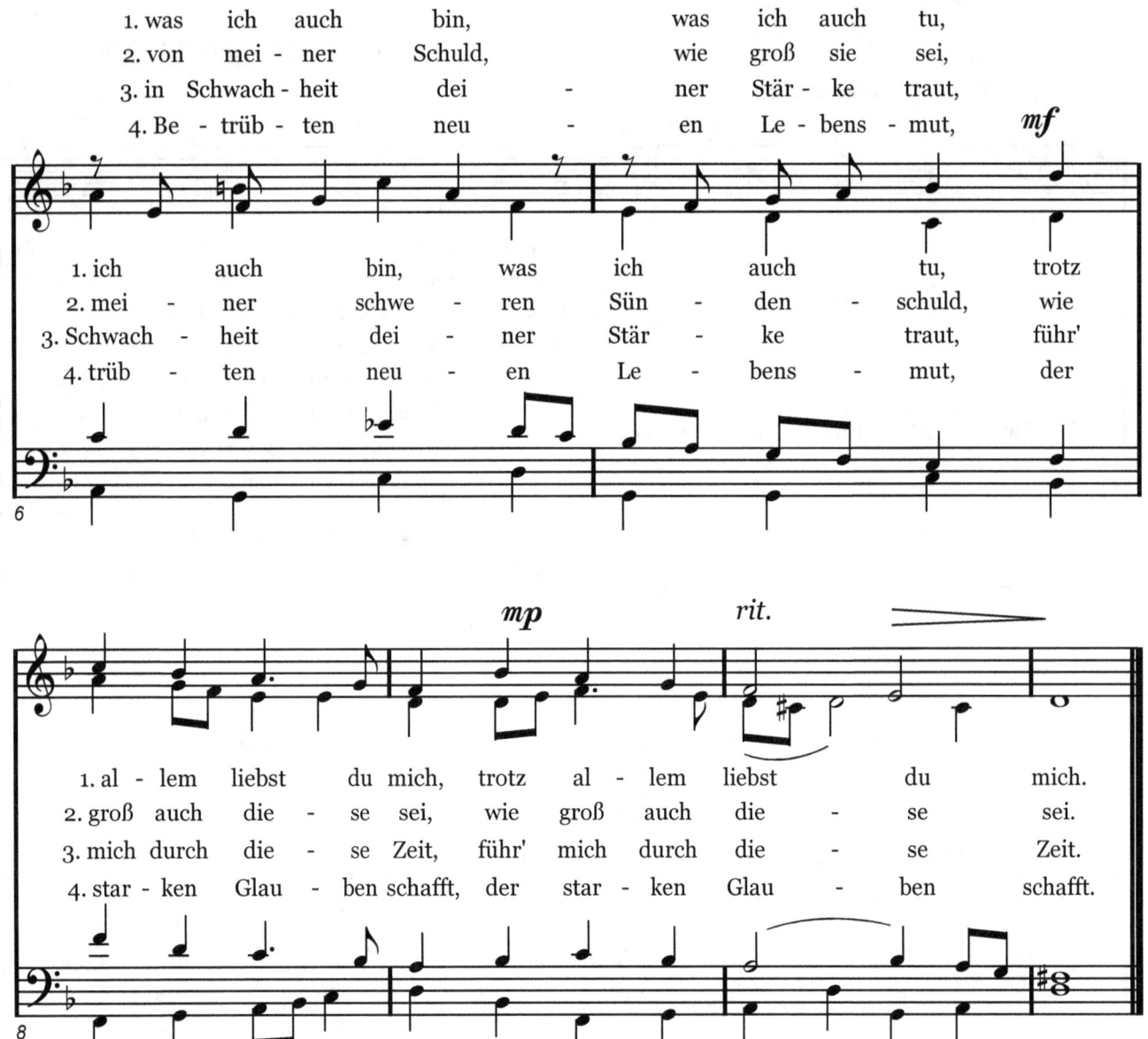

Du Geber aller guten Gaben

Text u. Musik: Gerhard A. Spingath

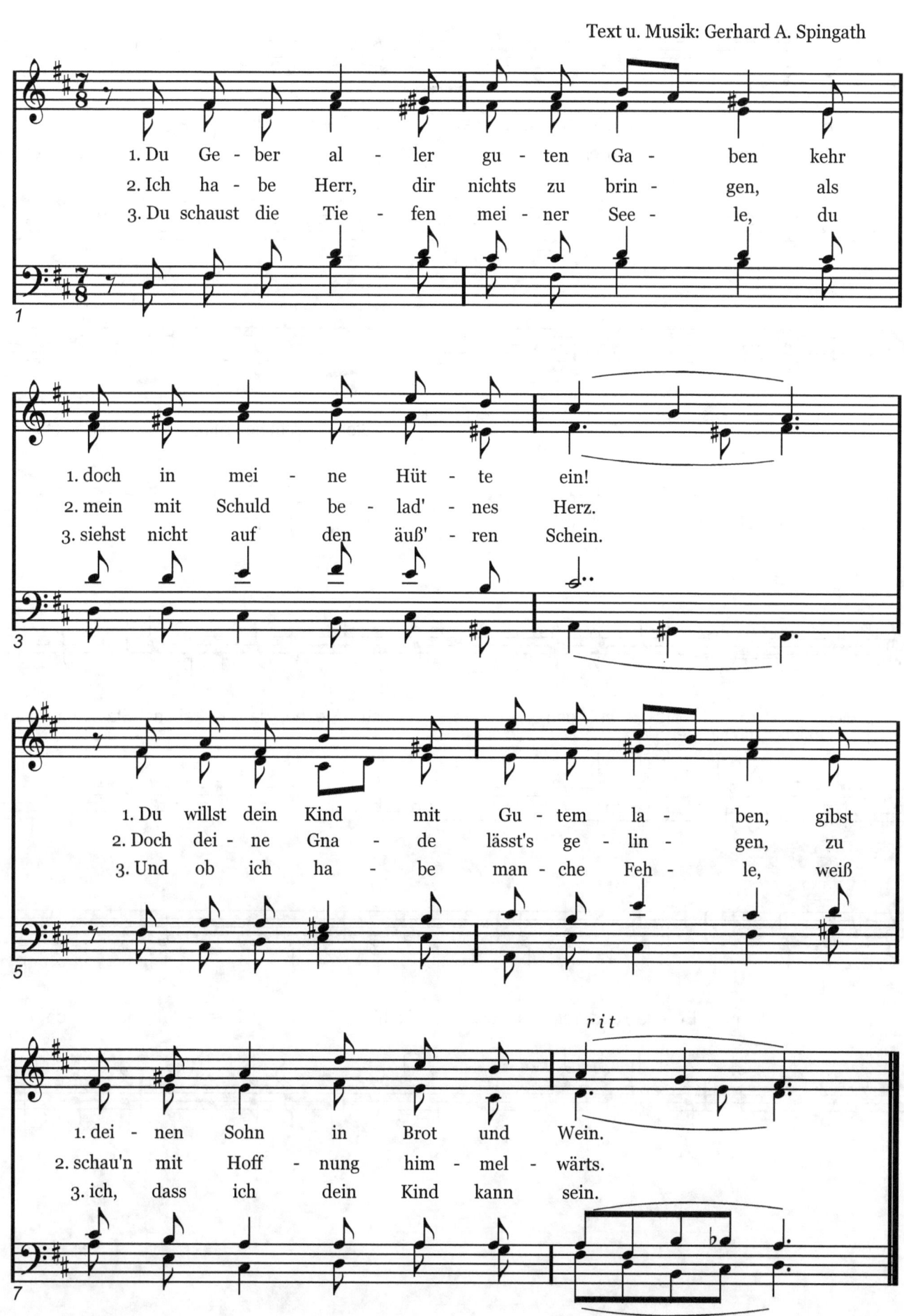

1. Du Ge - ber al - ler gu - ten Ga - ben kehr
2. Ich ha - be Herr, dir nichts zu brin - gen, als
3. Du schaust die Tie - fen mei - ner See - le, du

1. doch in mei - ne Hüt - te ein!
2. mein mit Schuld be - lad' - nes Herz.
3. siehst nicht auf den äuß' - ren Schein.

1. Du willst dein Kind mit Gu - tem la - ben, gibst
2. Doch dei - ne Gna - de lässt's ge - lin - gen, zu
3. Und ob ich ha - be man - che Feh - le, weiß

1. dei - nen Sohn in Brot und Wein.
2. schau'n mit Hoff - nung him - mel - wärts.
3. ich, dass ich dein Kind kann sein.

rit

135 Eile und errette deine Seele

nach 1. Mose 19

Gerhard A. Spingath

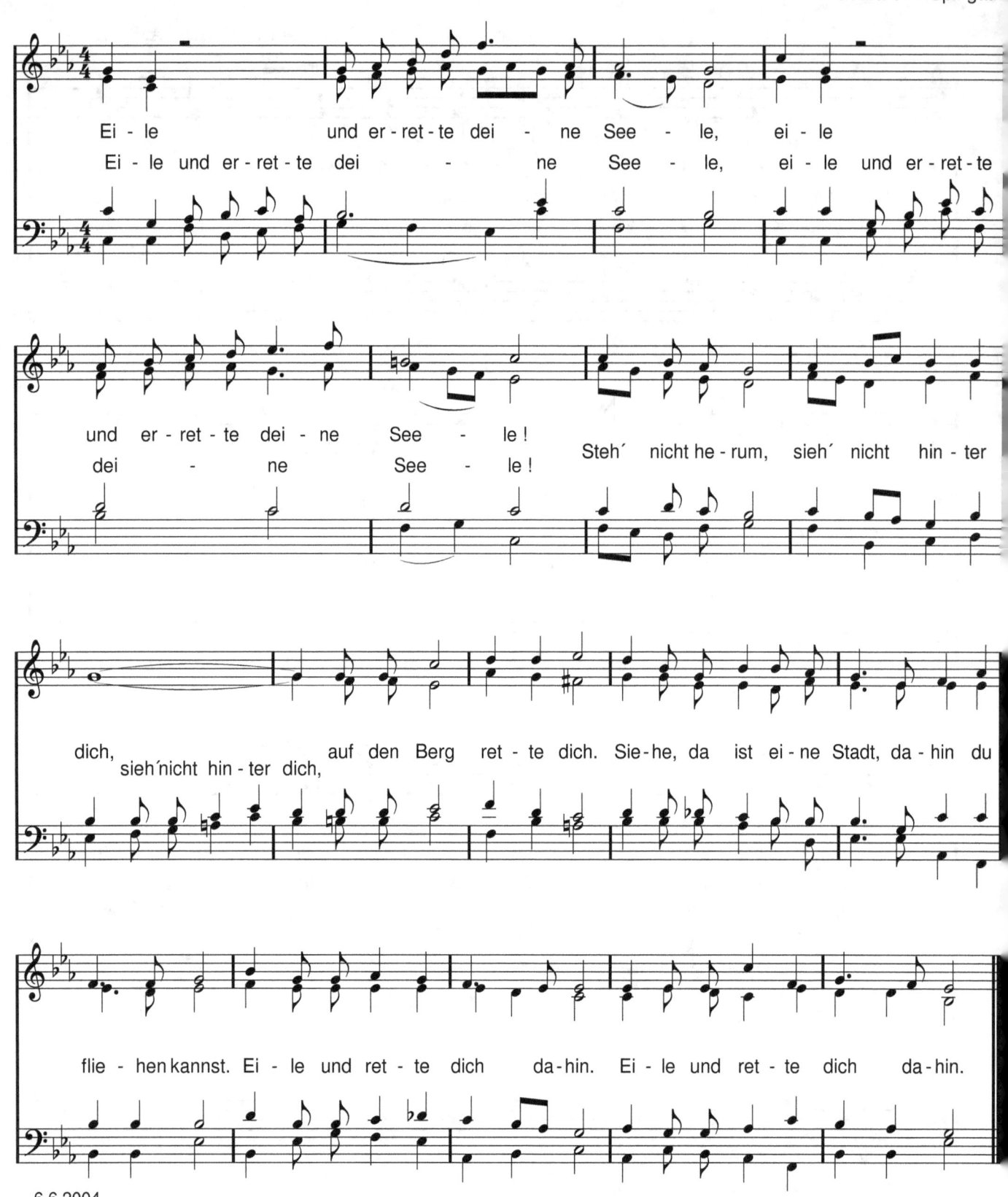

Ei - le und er - ret - te dei - ne See - le, ei - le
Ei - le und er - ret - te dei - ne See - le, ei - le und er - ret - te

und er - ret - te dei - ne See - le!
dei - ne See - le! Steh´ nicht he - rum, sieh´ nicht hin - ter

dich, auf den Berg ret - te dich. Sie - he, da ist ei - ne Stadt, da - hin du
sieh´ nicht hin - ter dich,

flie - hen kannst. Ei - le und ret - te dich da - hin. Ei - le und ret - te dich da - hin.

6.6.2004

Und wenn ich mit Engelszungen redete

1. Korinther 13

Gerhard A. Spingath

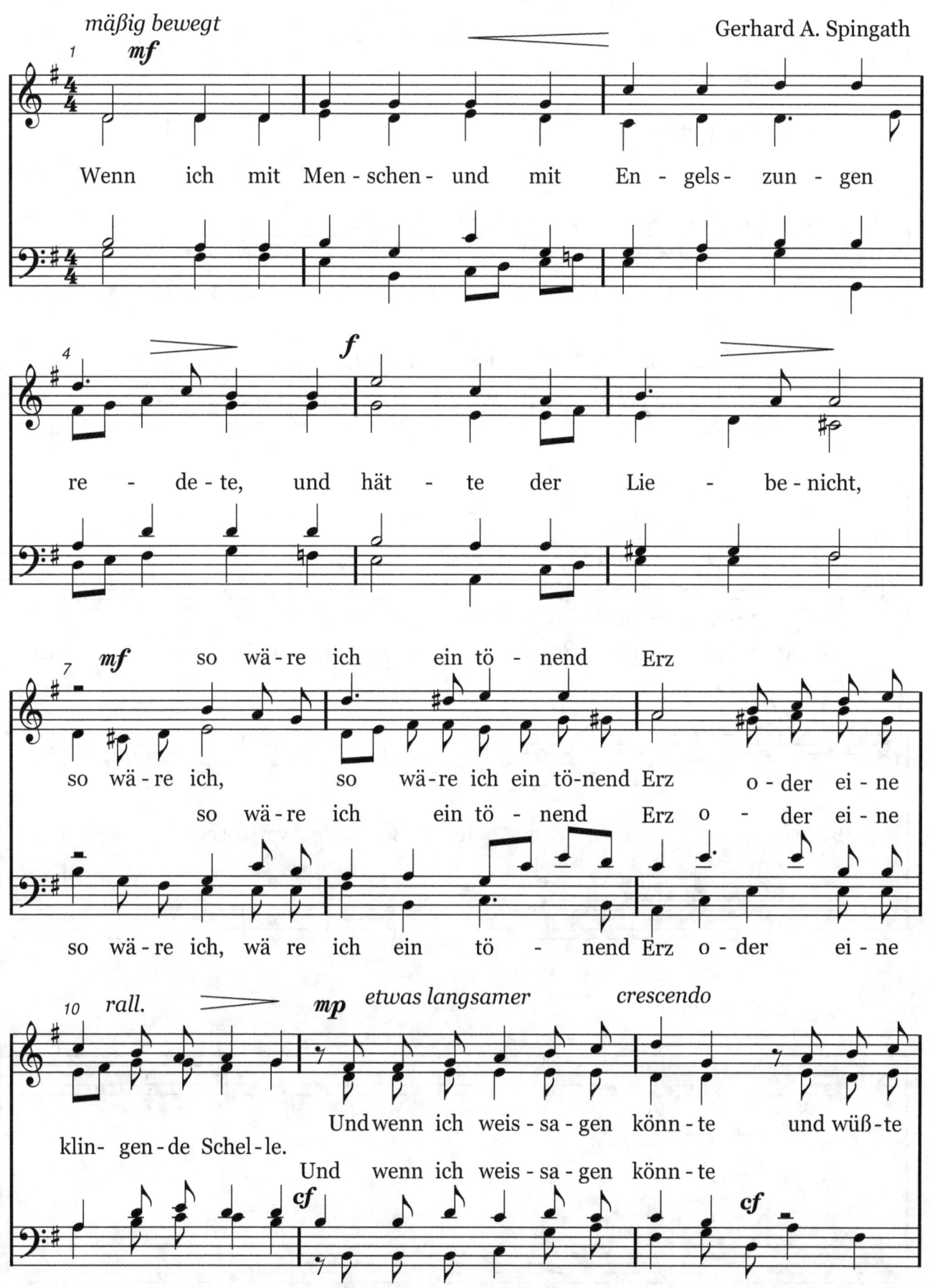

463.2

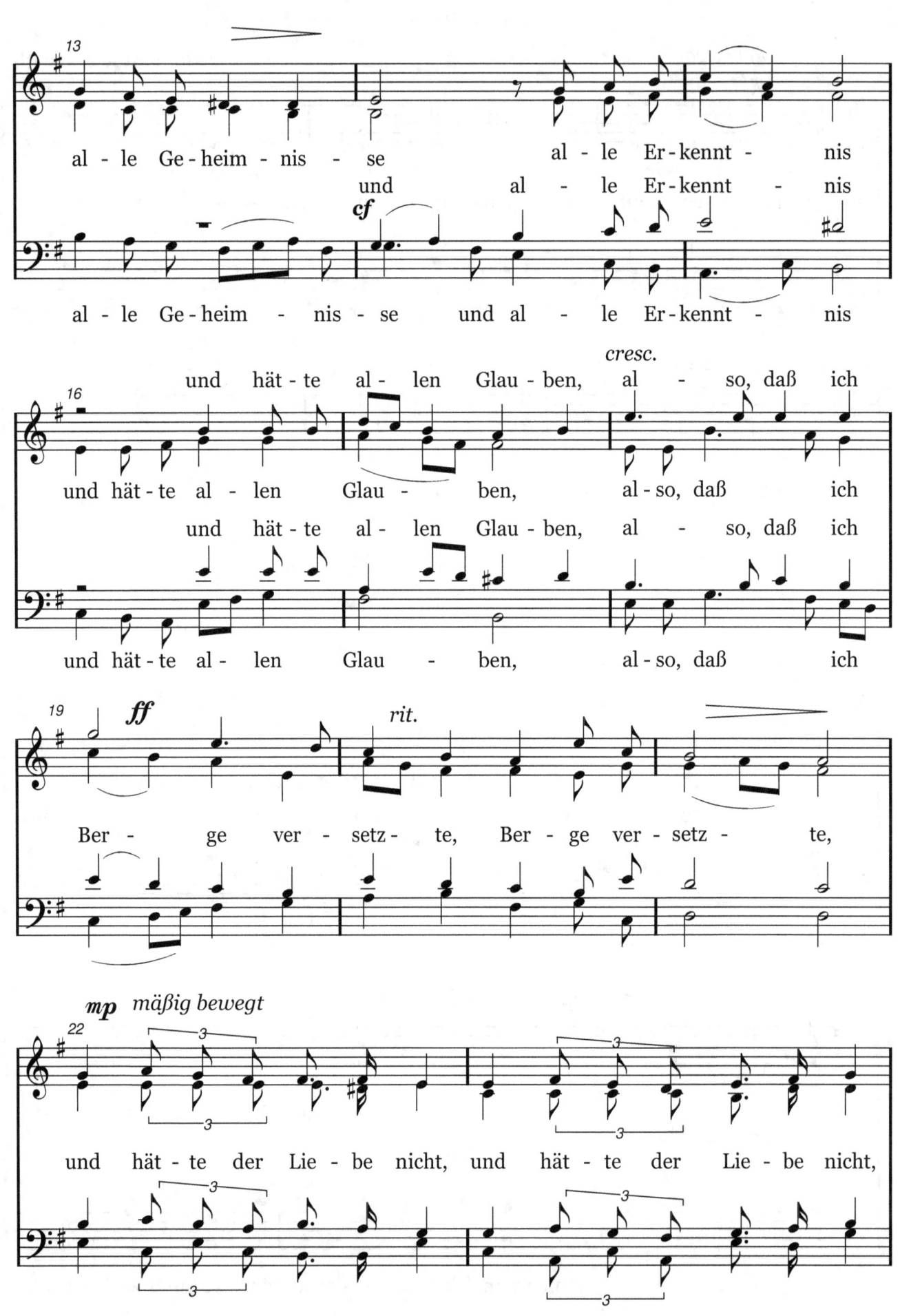

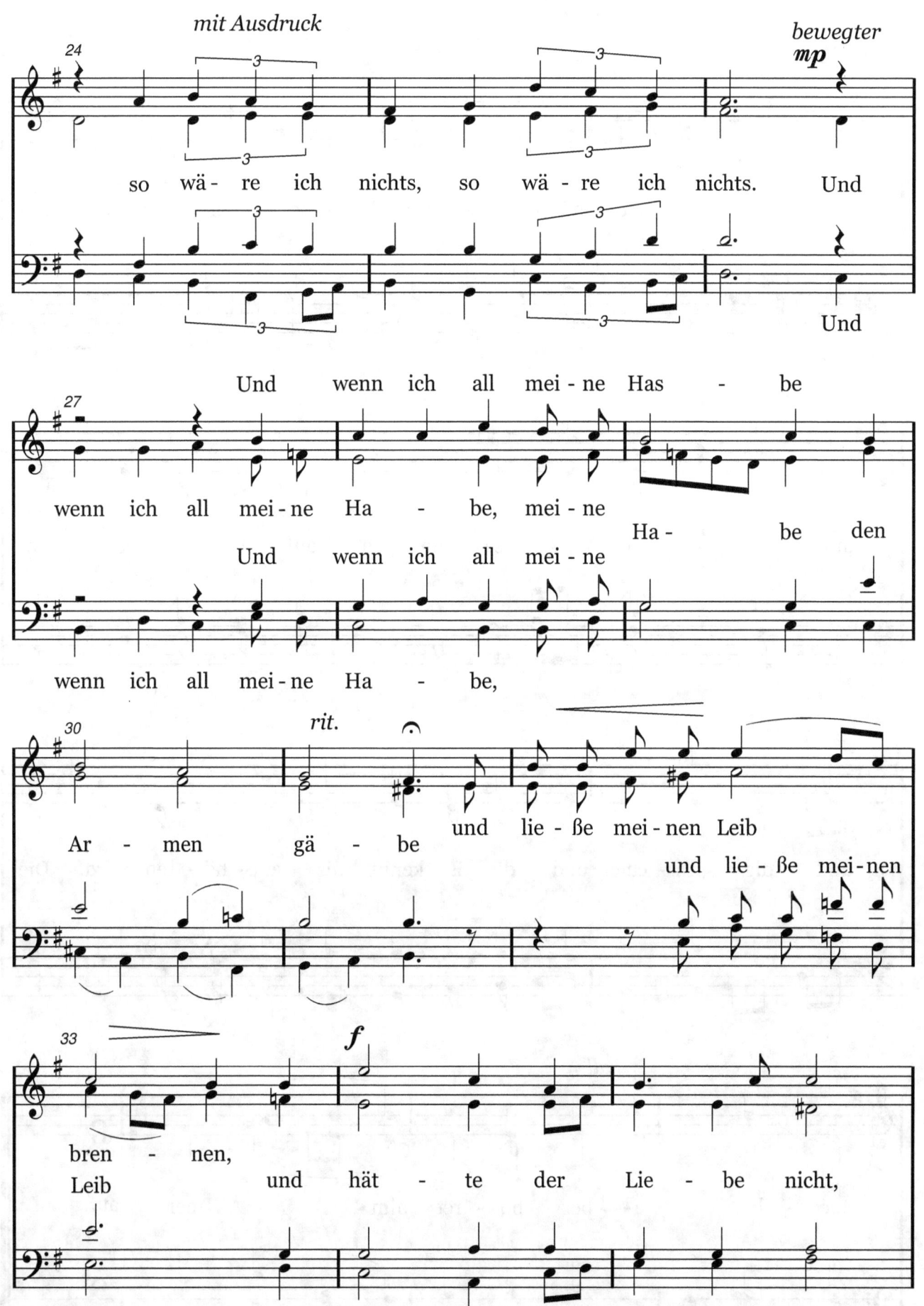

463.4

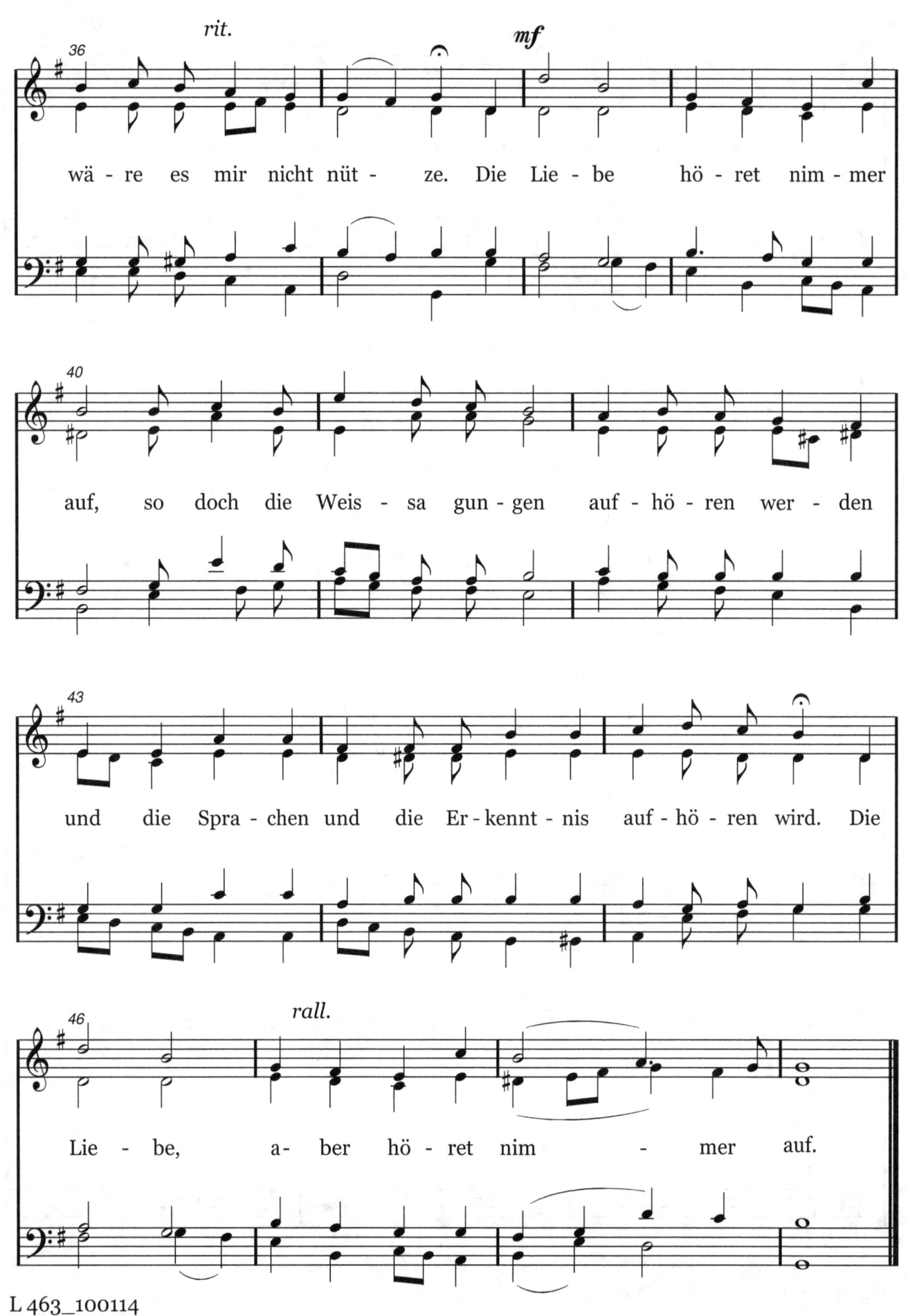

rit.   mf

wä - re es mir nicht nüt - ze. Die Lie - be hö - ret nim - mer

auf, so doch die Weis - sa gun - gen auf - hö - ren wer - den

und die Spra - chen und die Er - kennt - nis auf - hö - ren wird. Die

rall.

Lie - be, a - ber hö - ret nim - mer auf.

Es ist noch nicht erschienen

1. Johannes 3, 2

Gerhard A. Spingath

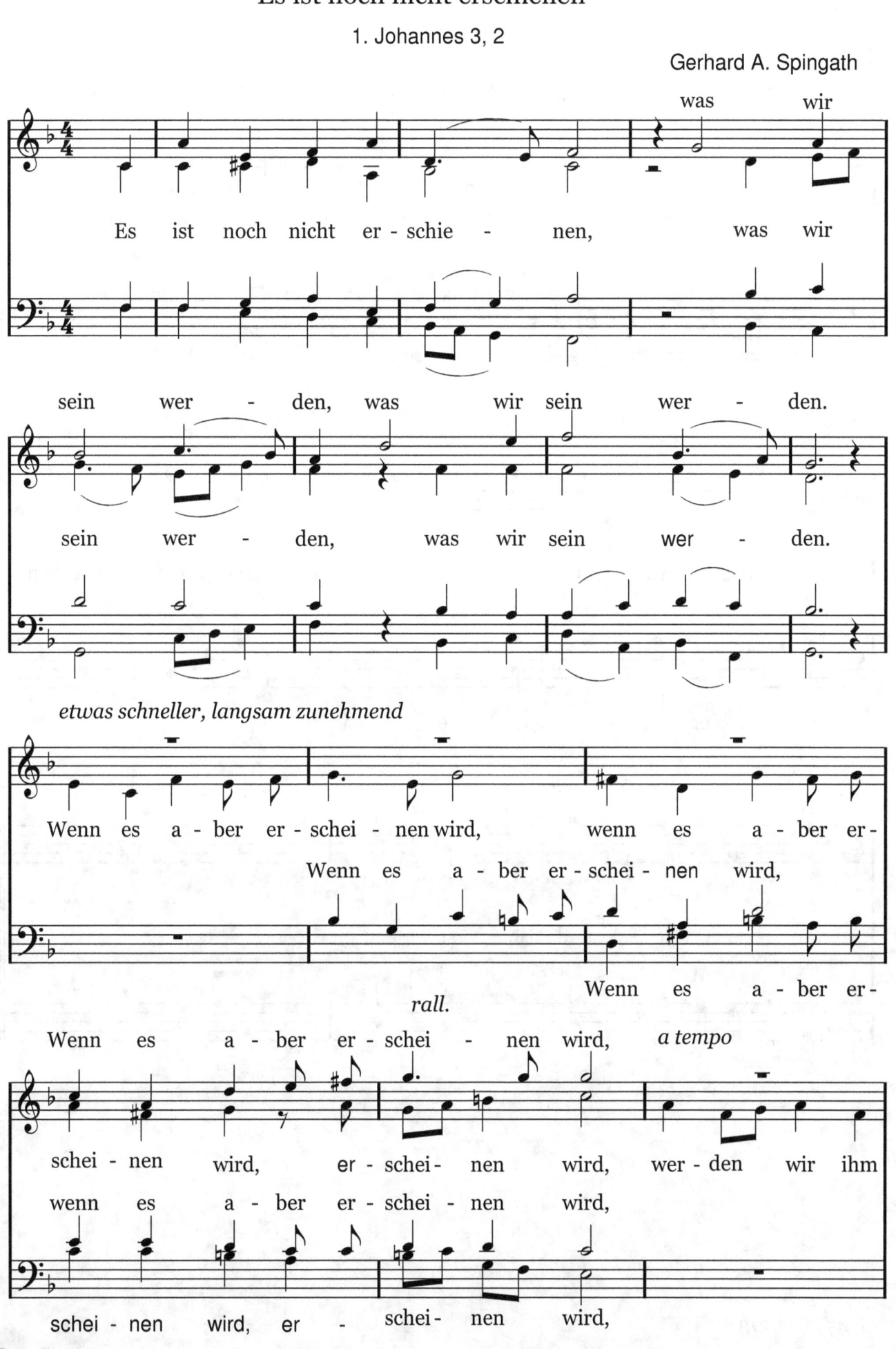

453.2

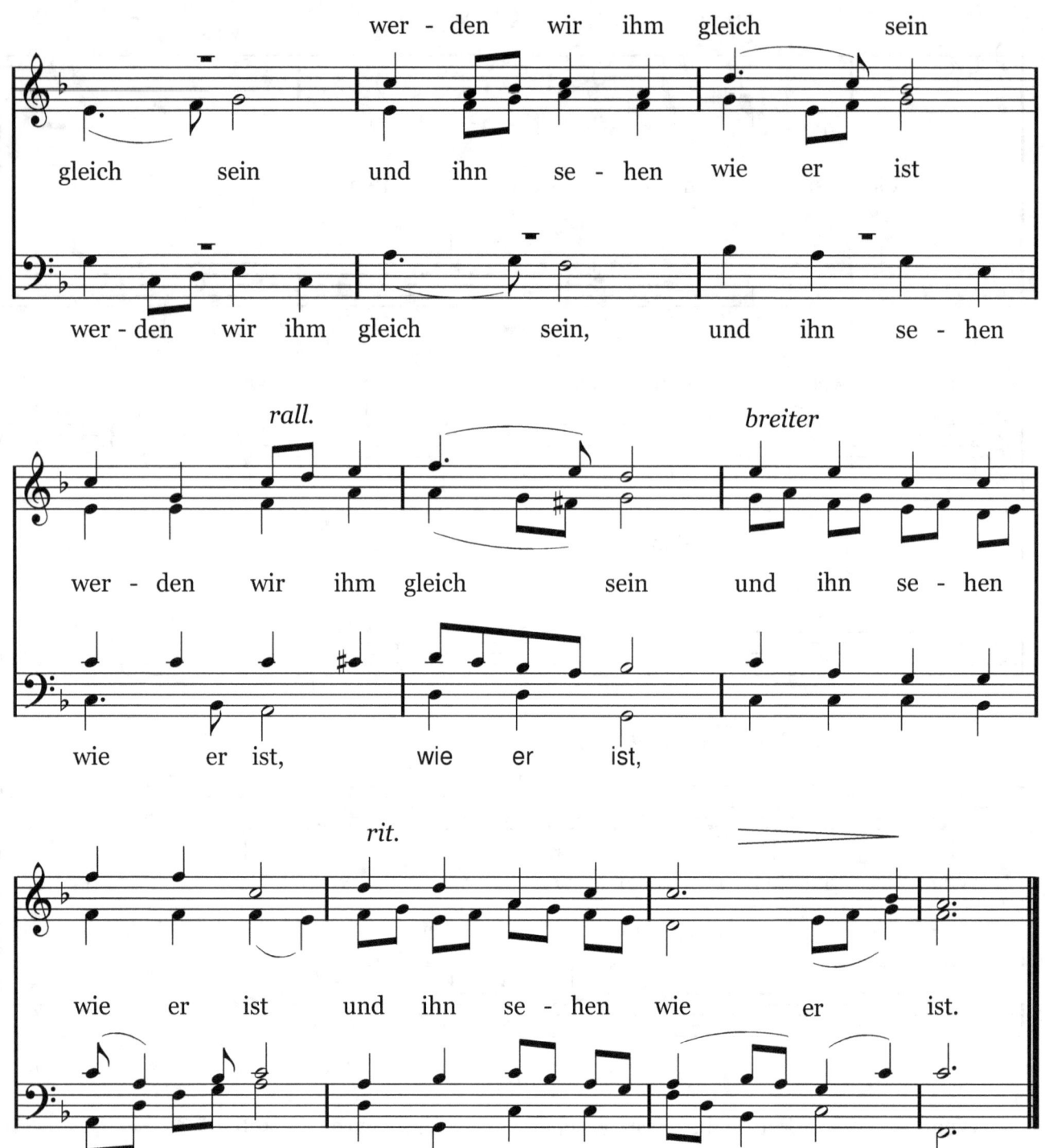

Es kann niemand zu mir kommen

Joh. 6, 44 und 14, 6

Gerhard A. Spingath

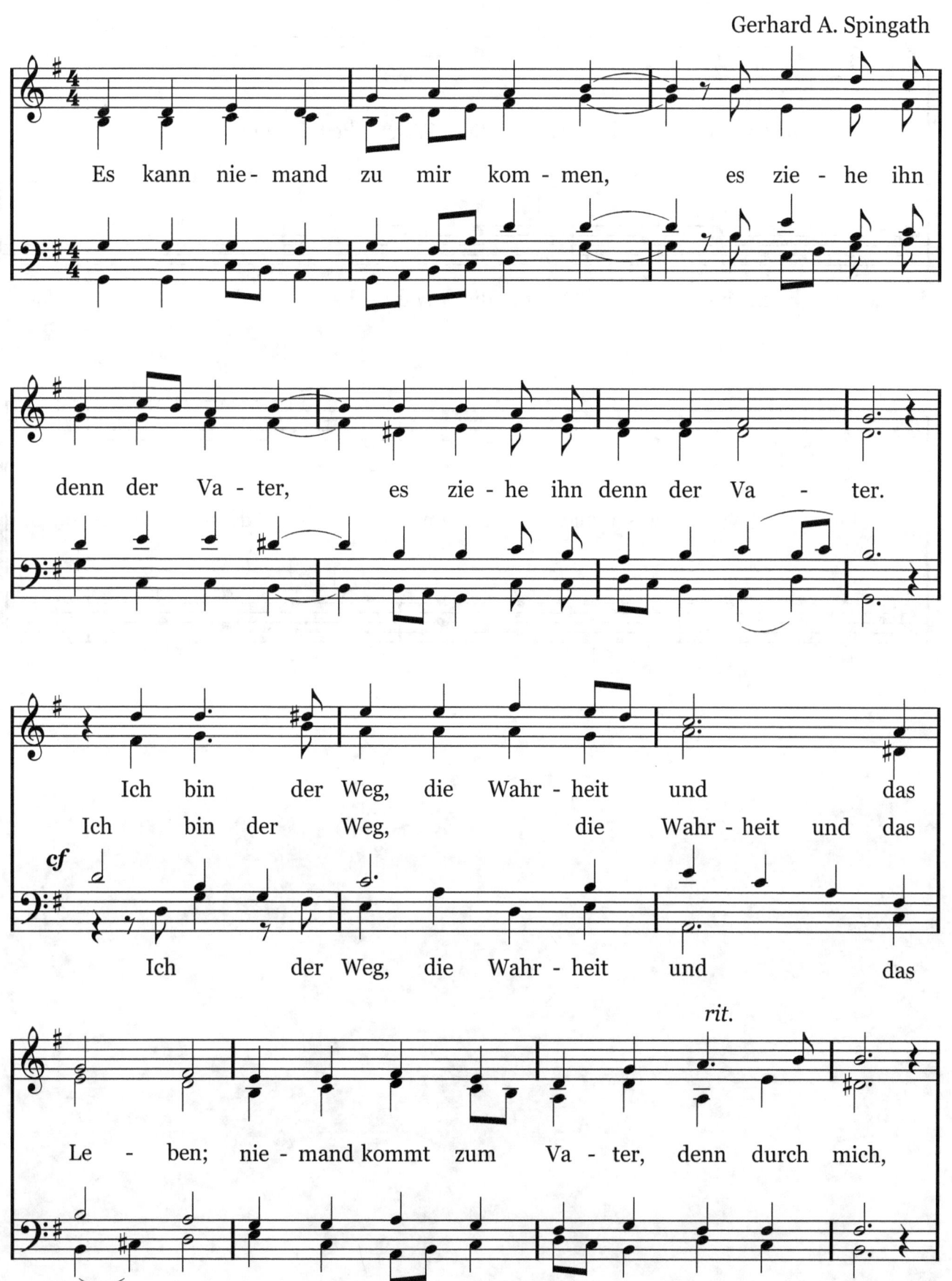

461.2

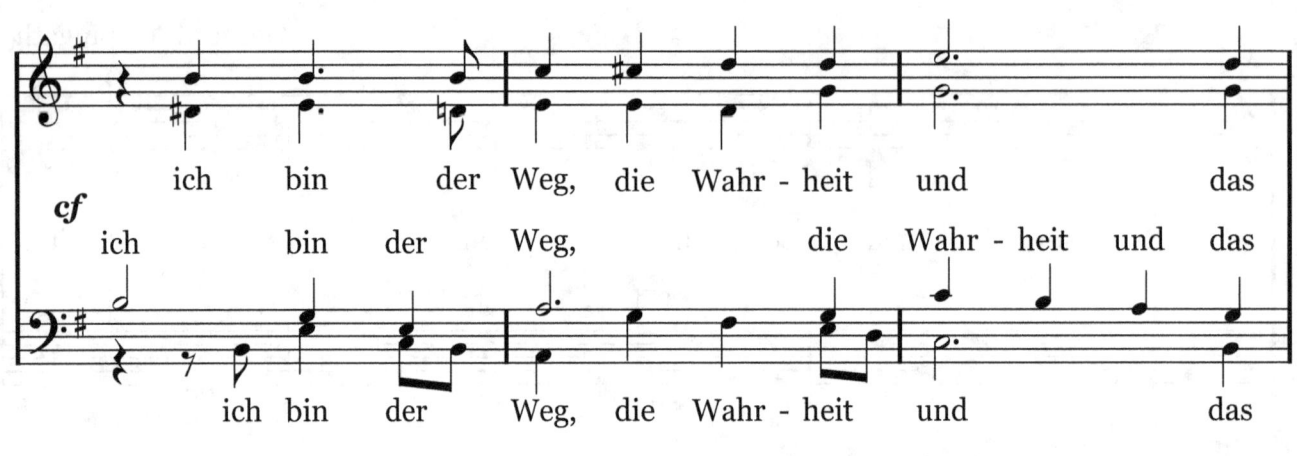

ich bin der Weg, die Wahr - heit und das
ich bin der Weg, die Wahr - heit und das
ich bin der Weg, die Wahr - heit und das

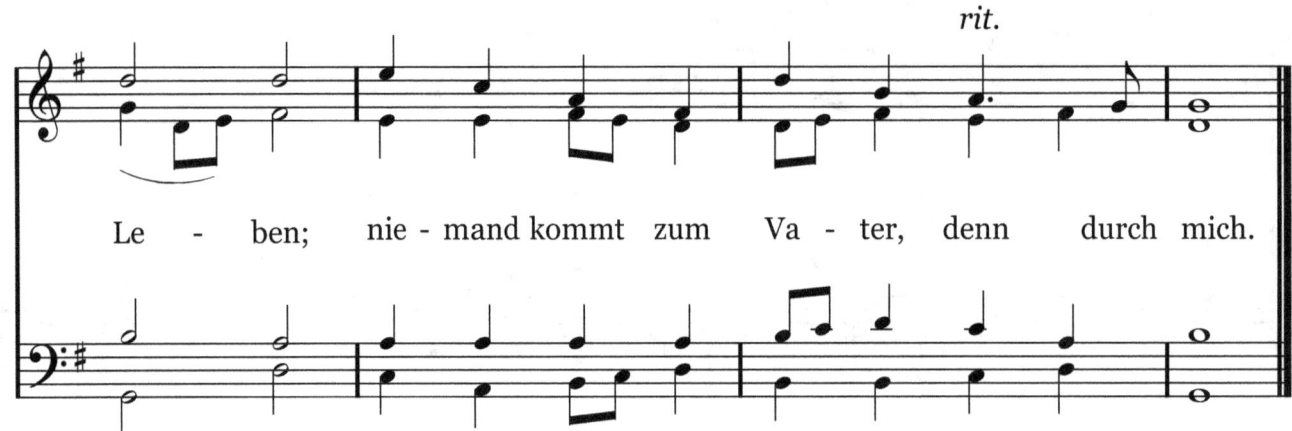

Le - ben; nie - mand kommt zum Va - ter, denn durch mich.

Es wird zur letzten Zeit

Jesaja 2, 2 - 3

Gerhard A. Spingath

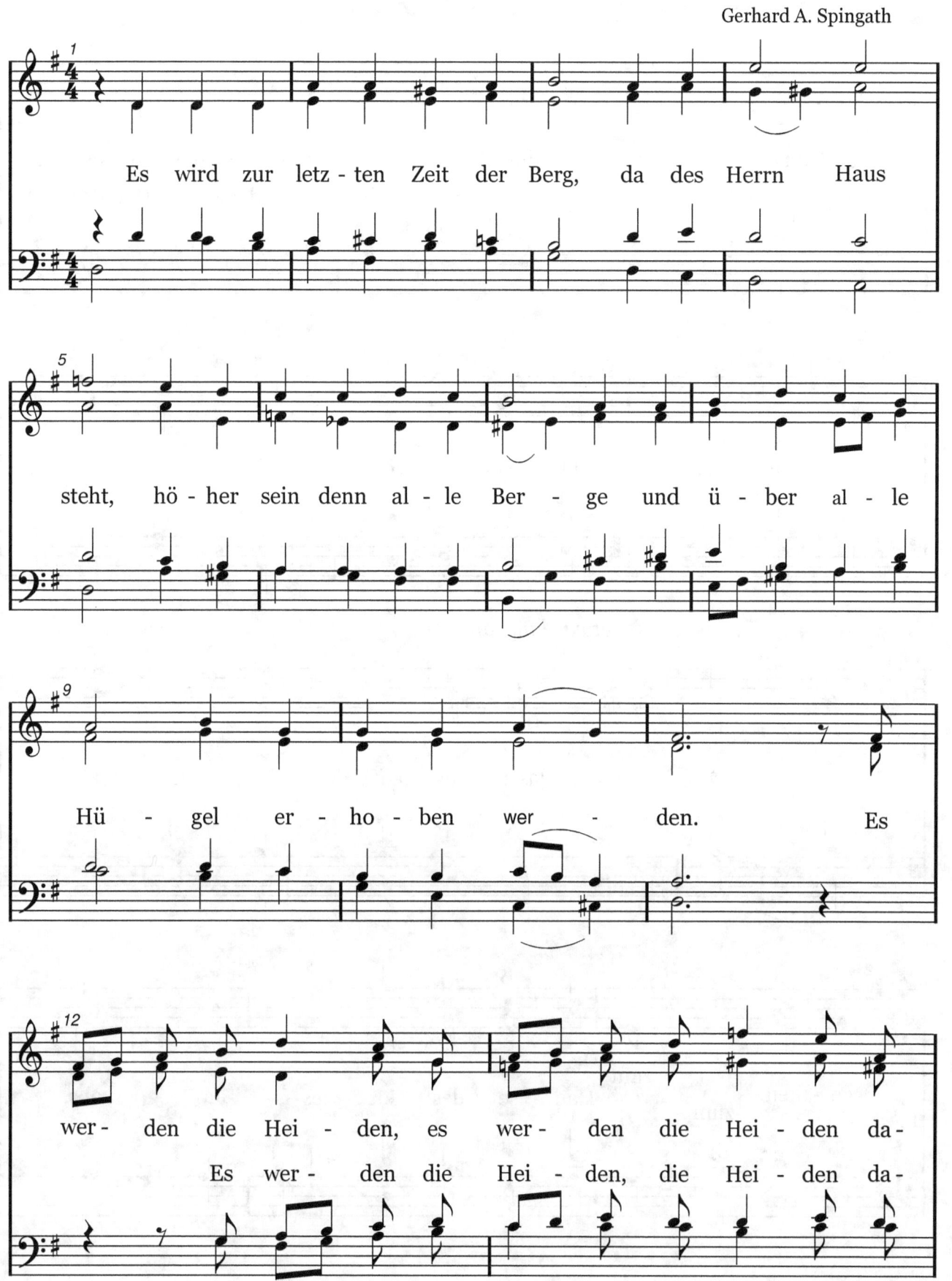

Es wird zur letz - ten Zeit der Berg, da des Herrn Haus

steht, hö - her sein denn al - le Ber - ge und ü - ber al - le

Hü - gel er - ho - ben wer - den. Es

wer - den die Hei - den, es wer - den die Hei - den da-
Es wer - den die Hei - den, die Hei - den da-

L 470_200314

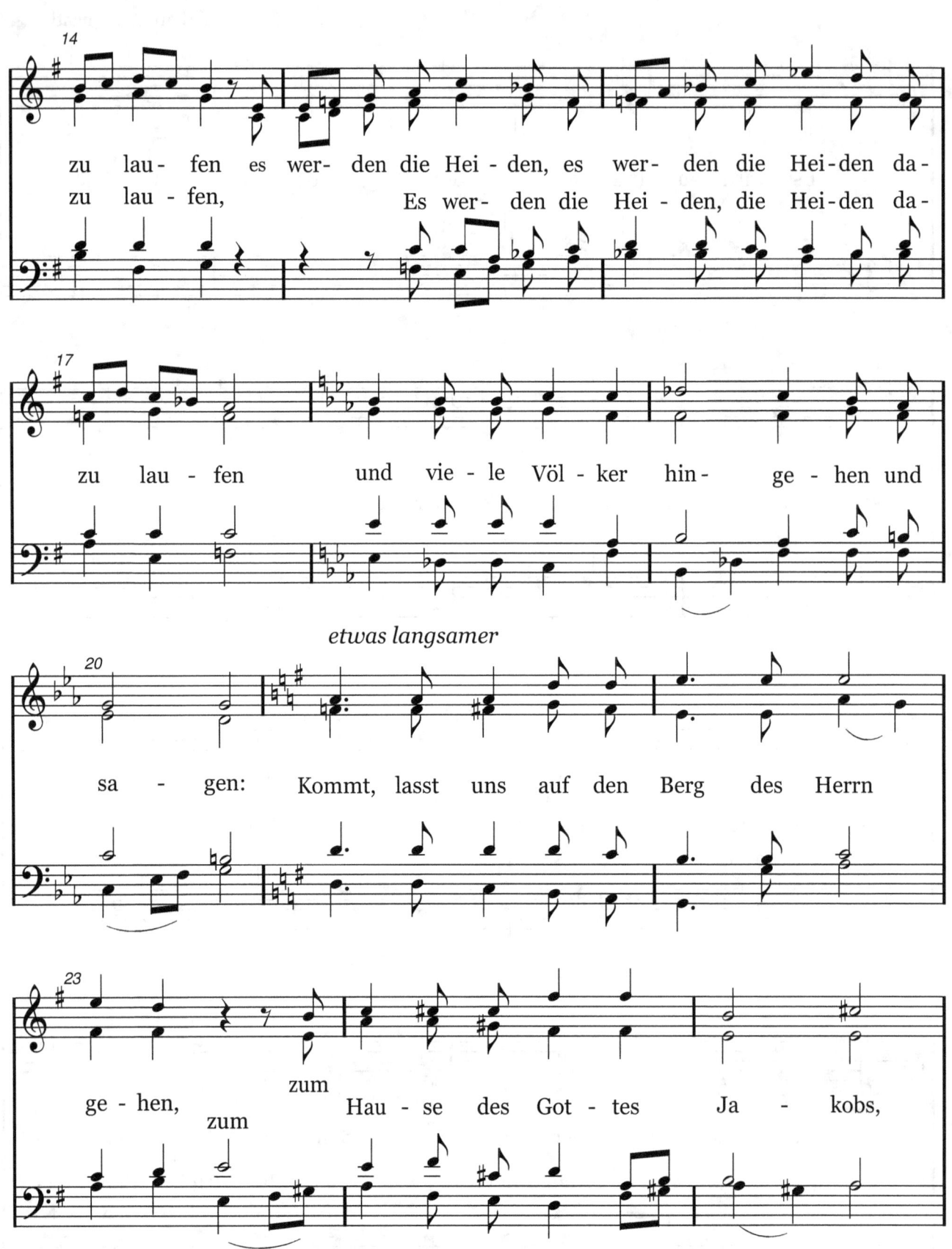

etwas langsamer

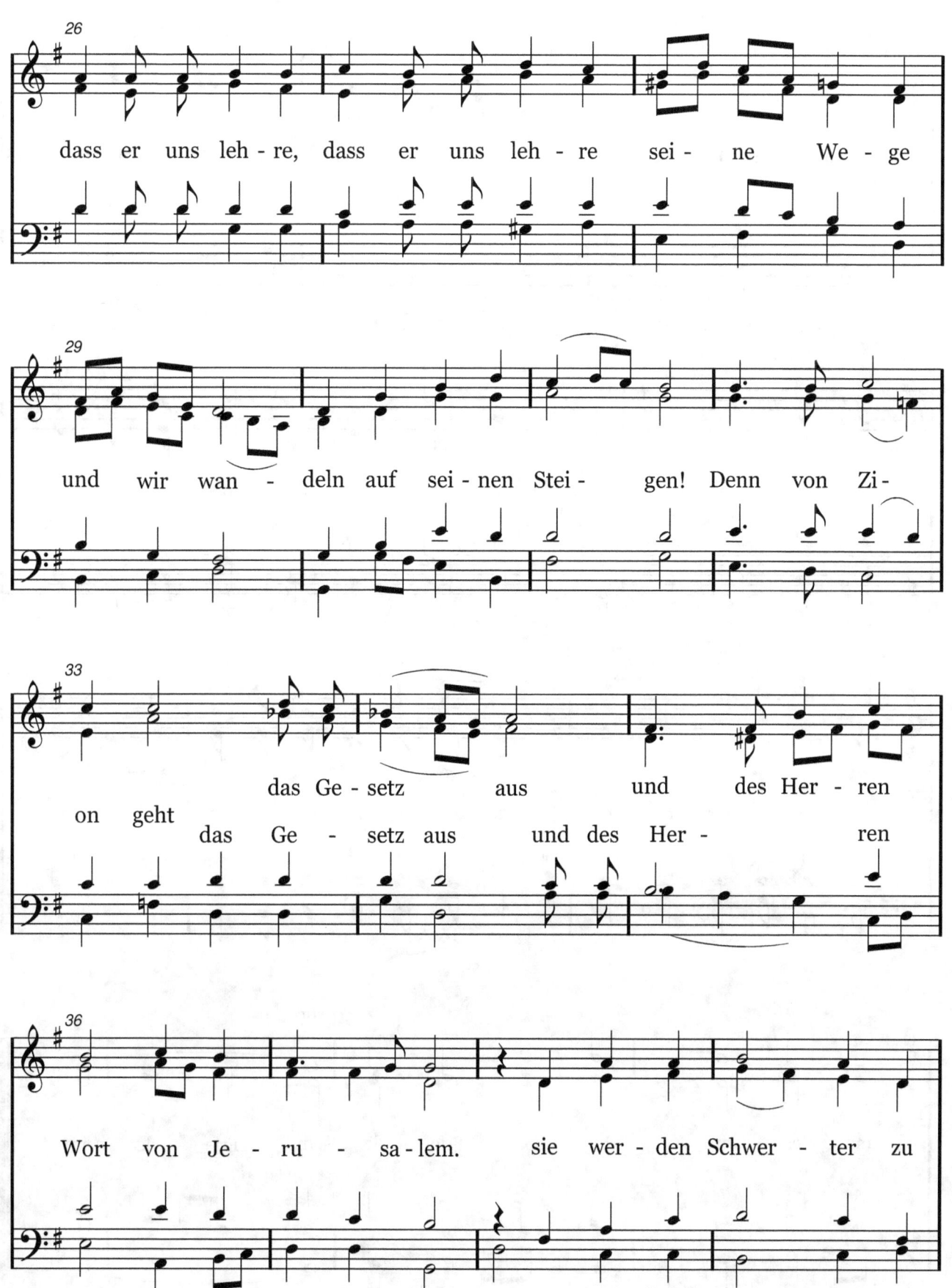

470.4

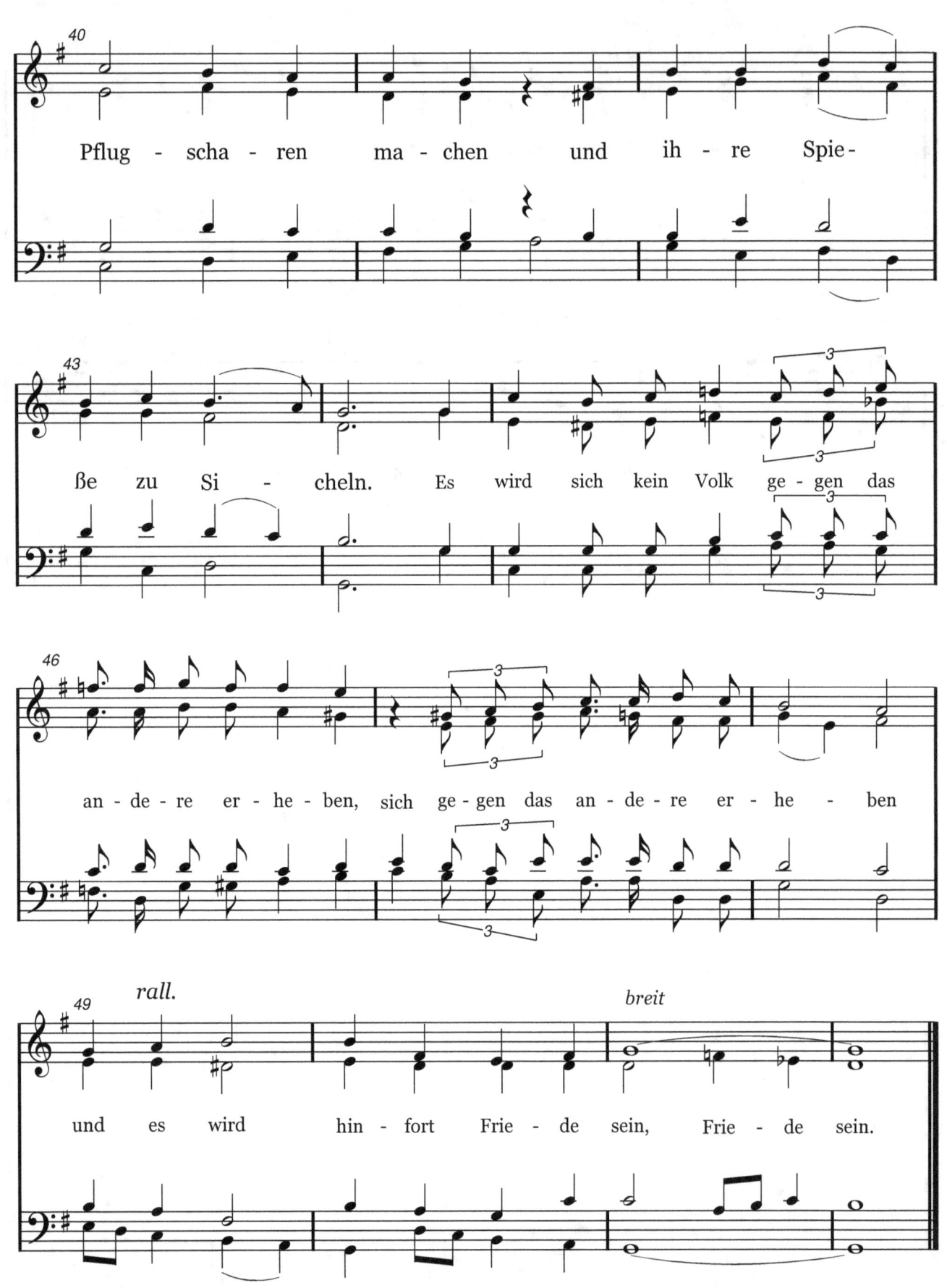

Pflug - scha - ren ma - chen und ih - re Spie-ße zu Si - cheln. Es wird sich kein Volk ge - gen das an - de - re er - he - ben, sich ge - gen das an - de - re er - he - ben und es wird hin - fort Frie - de sein, Frie - de sein.

rall.

breit

202 Es ist genug

1. Könige; 19, 5 - 7

Gerhard A. Spingath

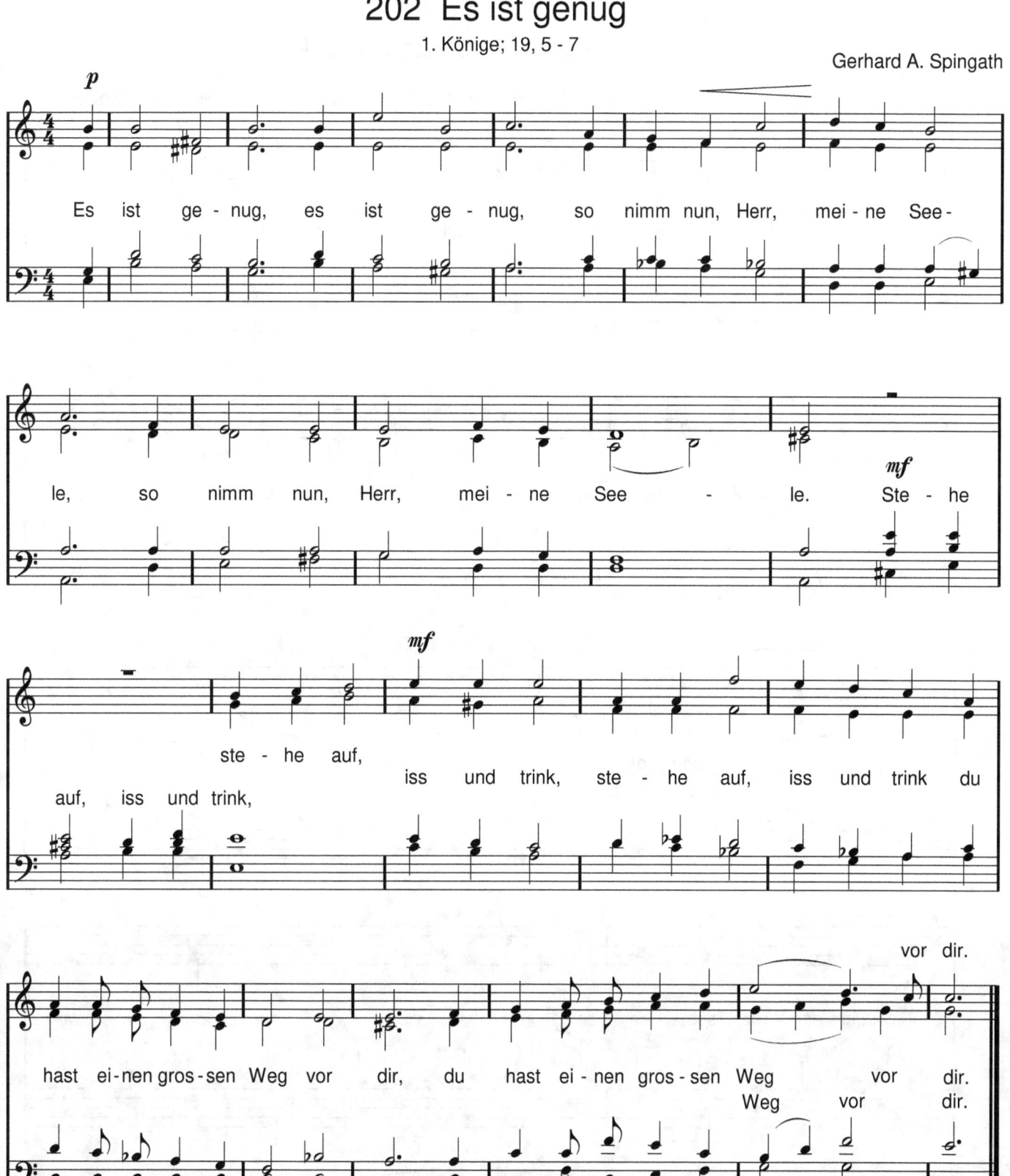

Es ist ge - nug, es ist ge - nug, so nimm nun, Herr, mei - ne See -

le, so nimm nun, Herr, mei - ne See - le. Ste - he

ste - he auf, iss und trink, ste - he auf, iss und trink du

auf, iss und trink,

vor dir.

hast ei - nen gros - sen Weg vor dir, du hast ei - nen gros - sen Weg vor dir.

Weg vor dir.

14.11.2006/2.6.2010/12.4.2012

260 Es ist in keinem andern das Heil

Apostelgesch. 4, 12

Gerhard A. Spingath

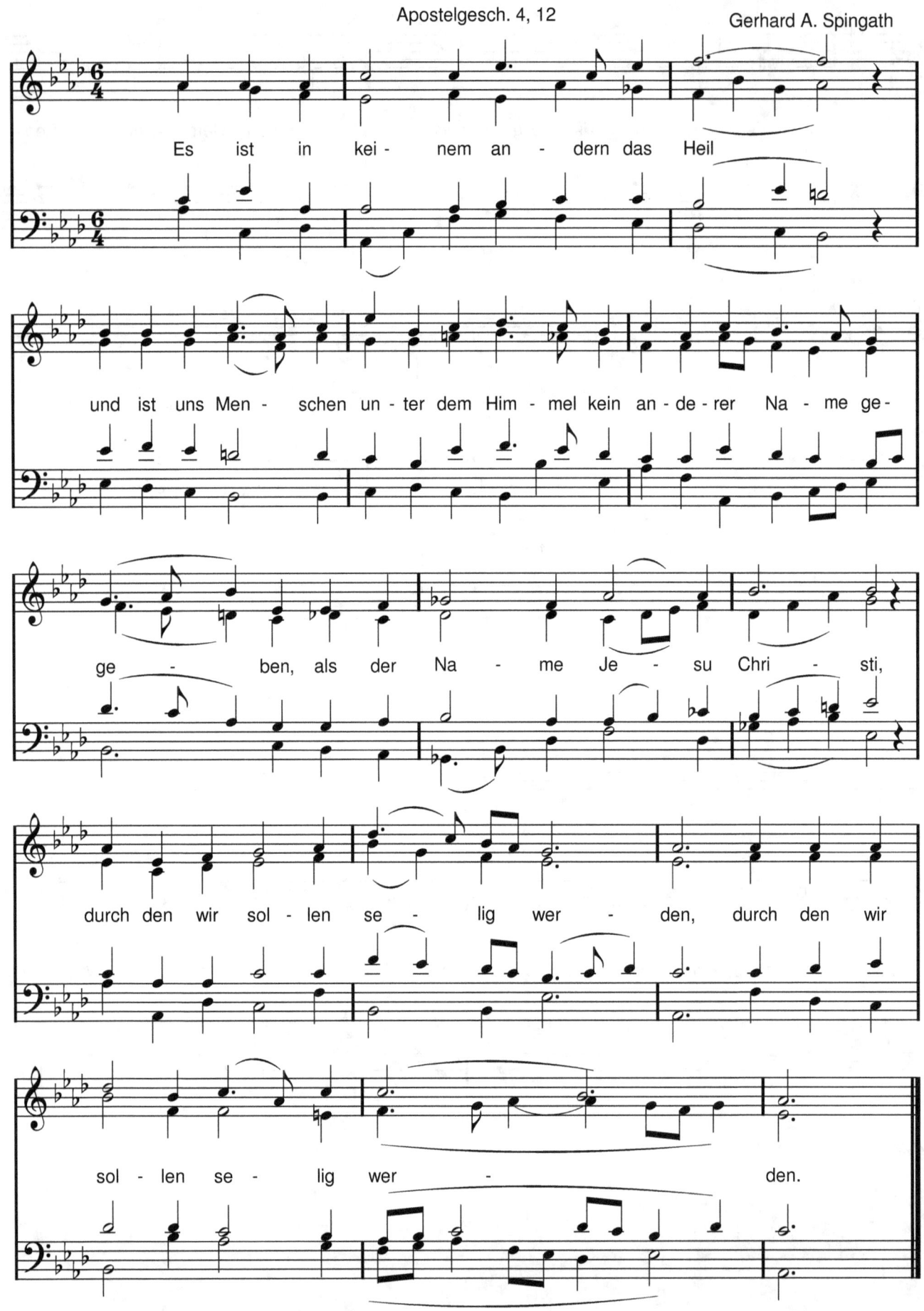

Es ist in kei - nem an - dern das Heil

und ist uns Men - schen un - ter dem Him - mel kein an - de - rer Na - me ge -

ge - ben, als der Na - me Je - su Chri - sti,

durch den wir sol - len se - lig wer - den, durch den wir

sol - len se - lig wer - den.

Es ist noch eine kleine Weile

Haggai 2, 6 - 9

Gerhard A. Spingath

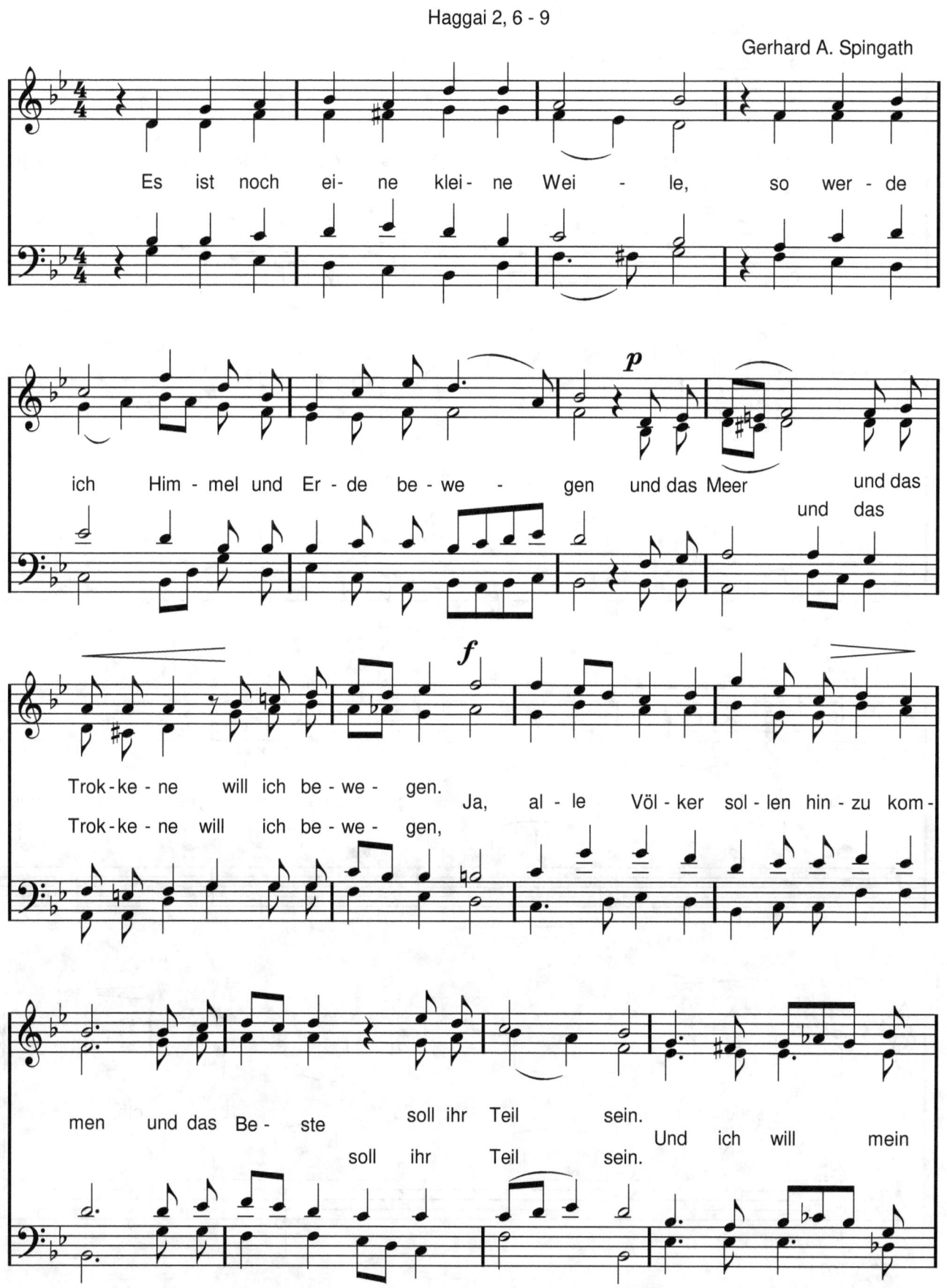

Es ist noch ei - ne klei - ne Wei - le, so wer - de

ich Him - mel und Er - de be - we - gen und das Meer und das
und das

Trok - ke - ne will ich be - we - gen. Ja, al - le Völ - ker sol - len hin - zu kom-
Trok - ke - ne will ich be - we - gen,

men und das Be - ste soll ihr Teil sein. Und ich will mein
soll ihr Teil sein.

275.2

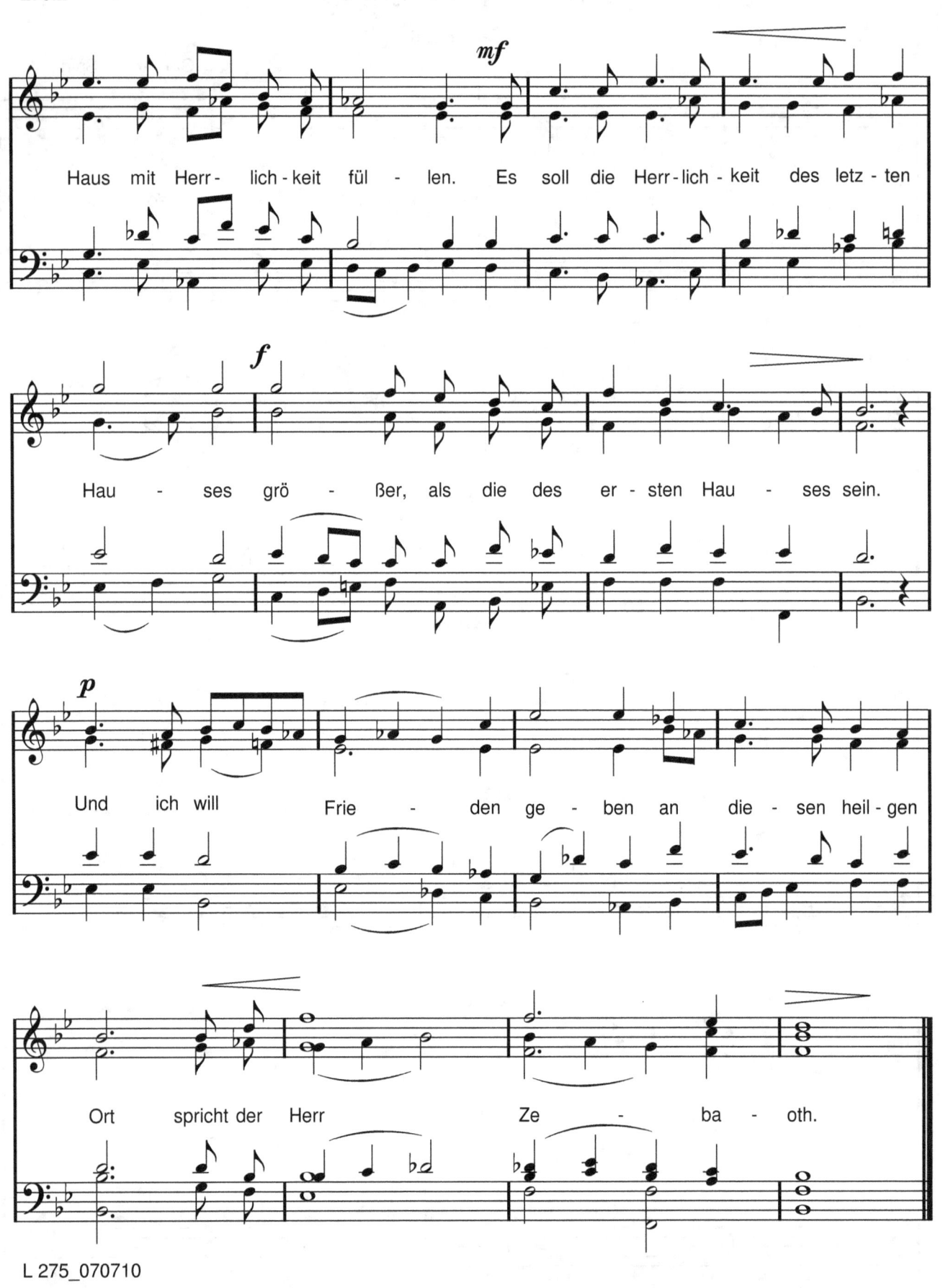

Haus mit Herr-lich-keit fül-len. Es soll die Herr-lich-keit des letz-ten

Hau - ses grö - ßer, als die des er-sten Hau - ses sein.

Und ich will Frie - den ge - ben an die - sen heil-gen

Ort spricht der Herr Ze - ba - oth.

Euch aber, die ihr meinen Namen fürchtet

Maleachi 3, 20

Gerhard A. Spingath

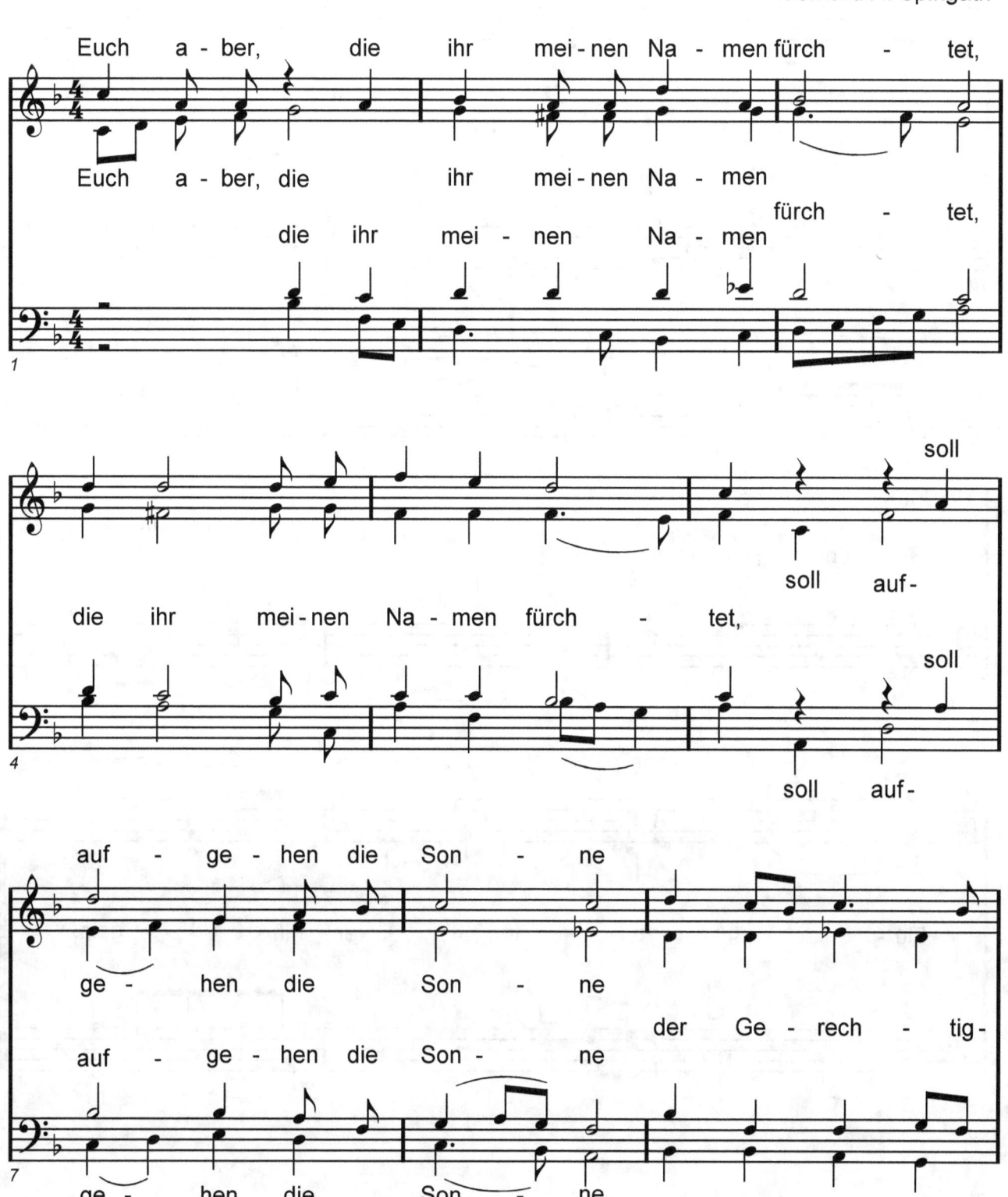

580.2

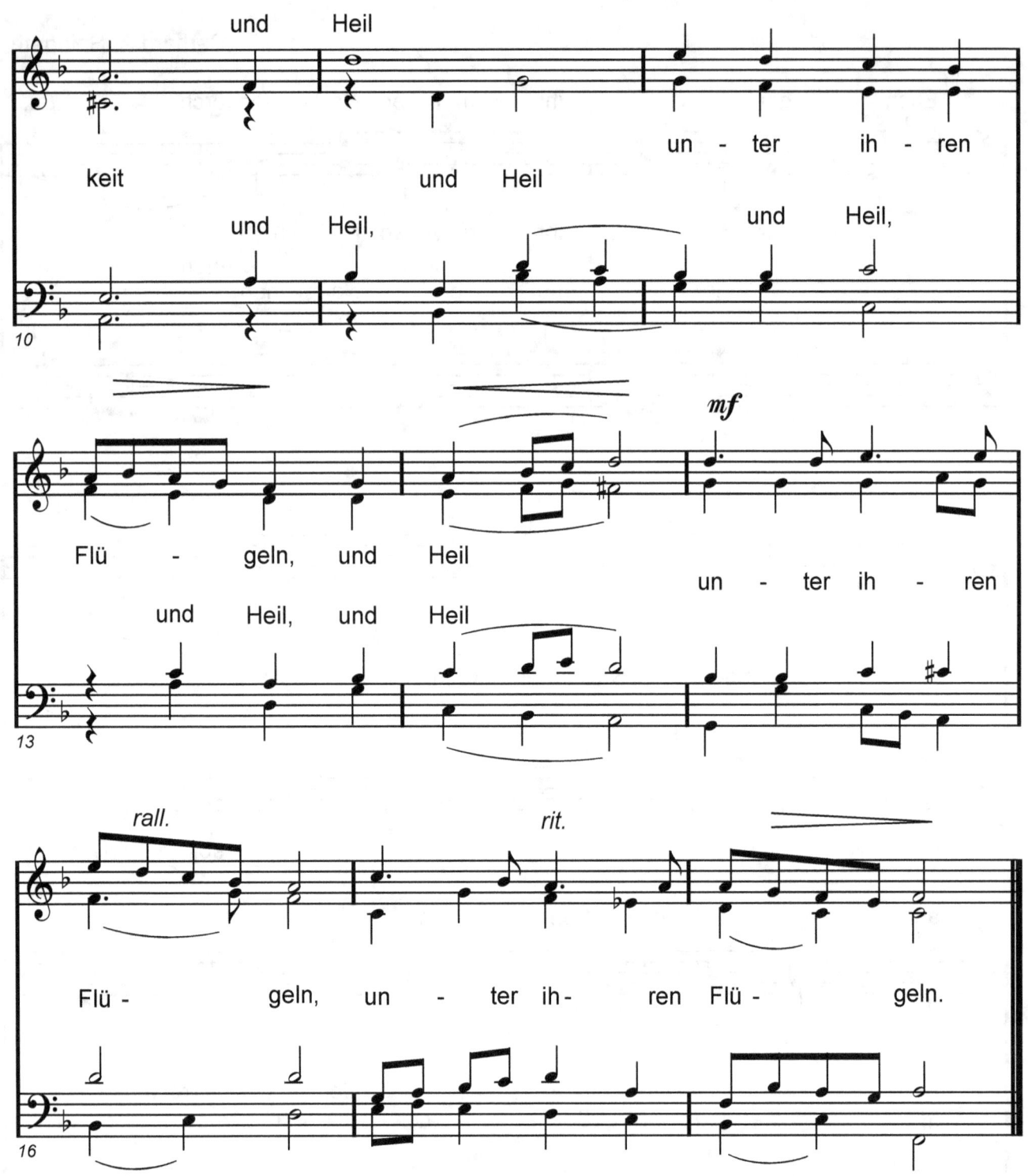

383 Freuet euch im Herren

aus "Der 33. Psalm" 1. Teil

Gerhhard A. Spingath

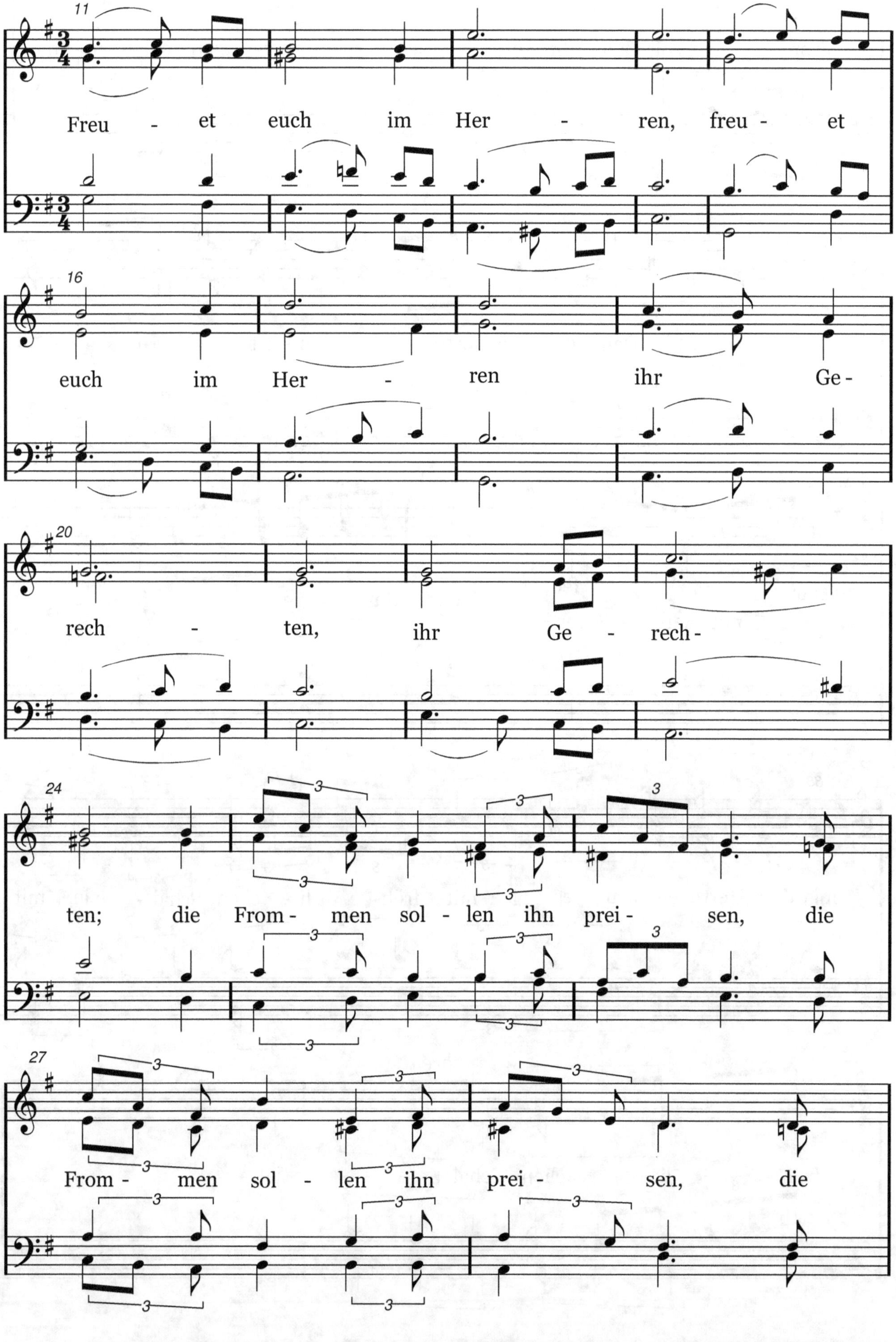

Freu - et euch im Her - ren, freu - et

euch im Her - ren ihr Ge -

rech - ten, ihr Ge - rech -

ten; die From - men sol - len ihn prei - sen, die

From - men sol - len ihn prei - sen, die

383.2

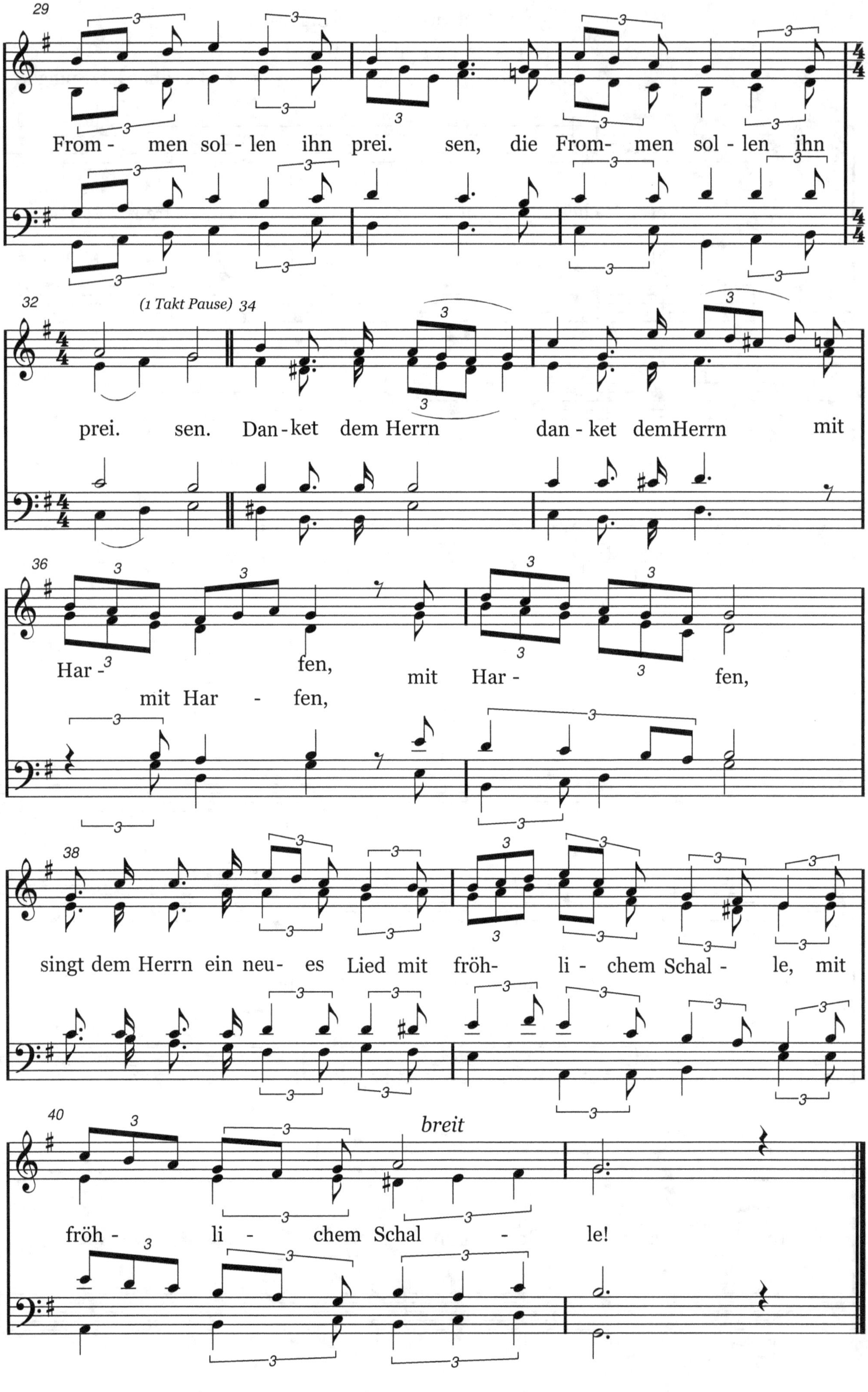

29

From- men sol-len ihn prei. sen, die From- men sol-len ihn

32 *(1 Takt Pause)* **34**

prei. sen. Dan-ket dem Herrn dan-ket demHerrn mit

36

Har -fen, mit Har - fen,

mit Har - fen,

38

singt dem Herrn ein neu- es Lied mit fröh- li- chem Schal - le, mit

40

breit

fröh - li - chem Schal - le!

Gedenkt an eure Lehrer

Hebräer 13, 6-7; 6, 11-12

Gerard A. Spingath

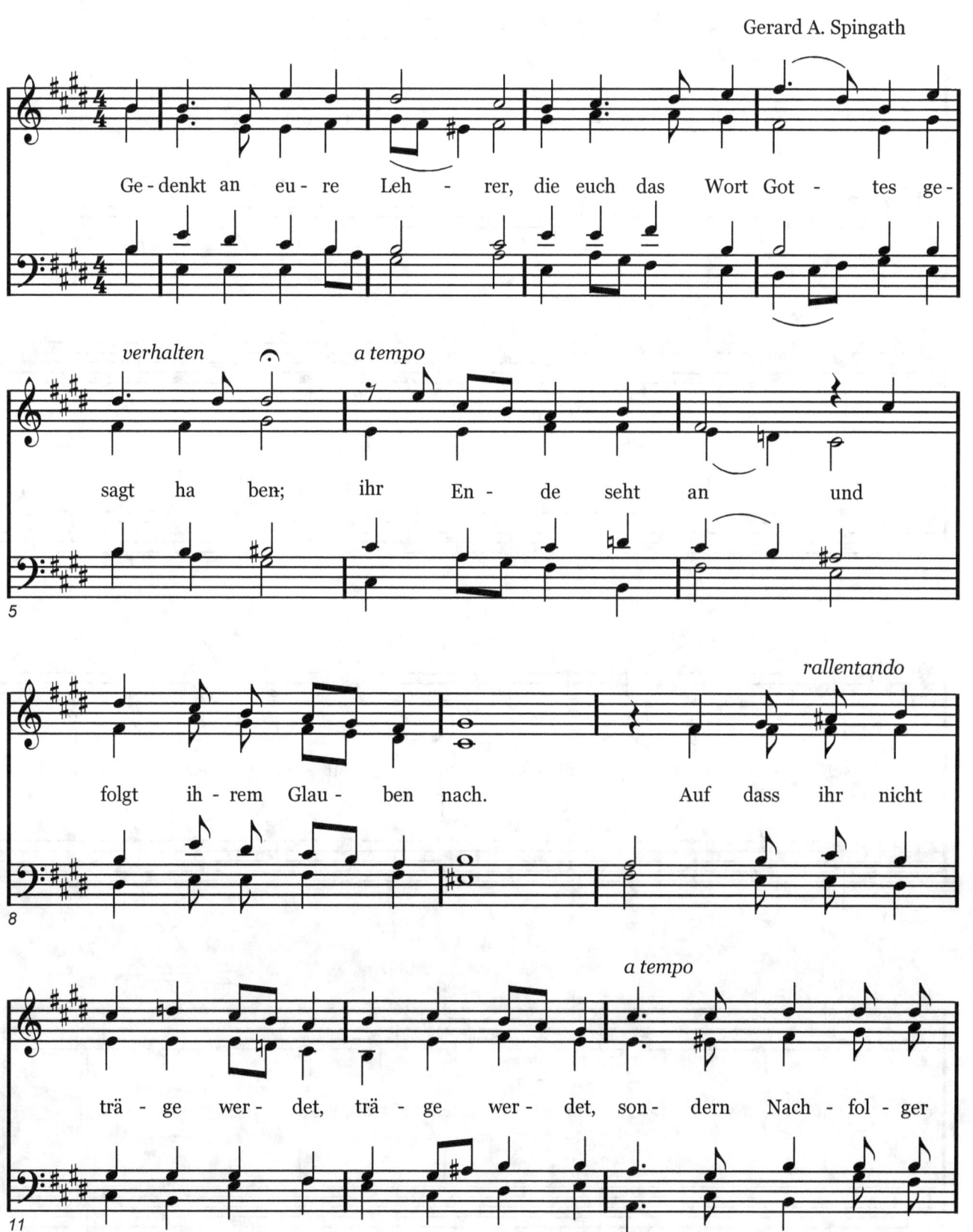

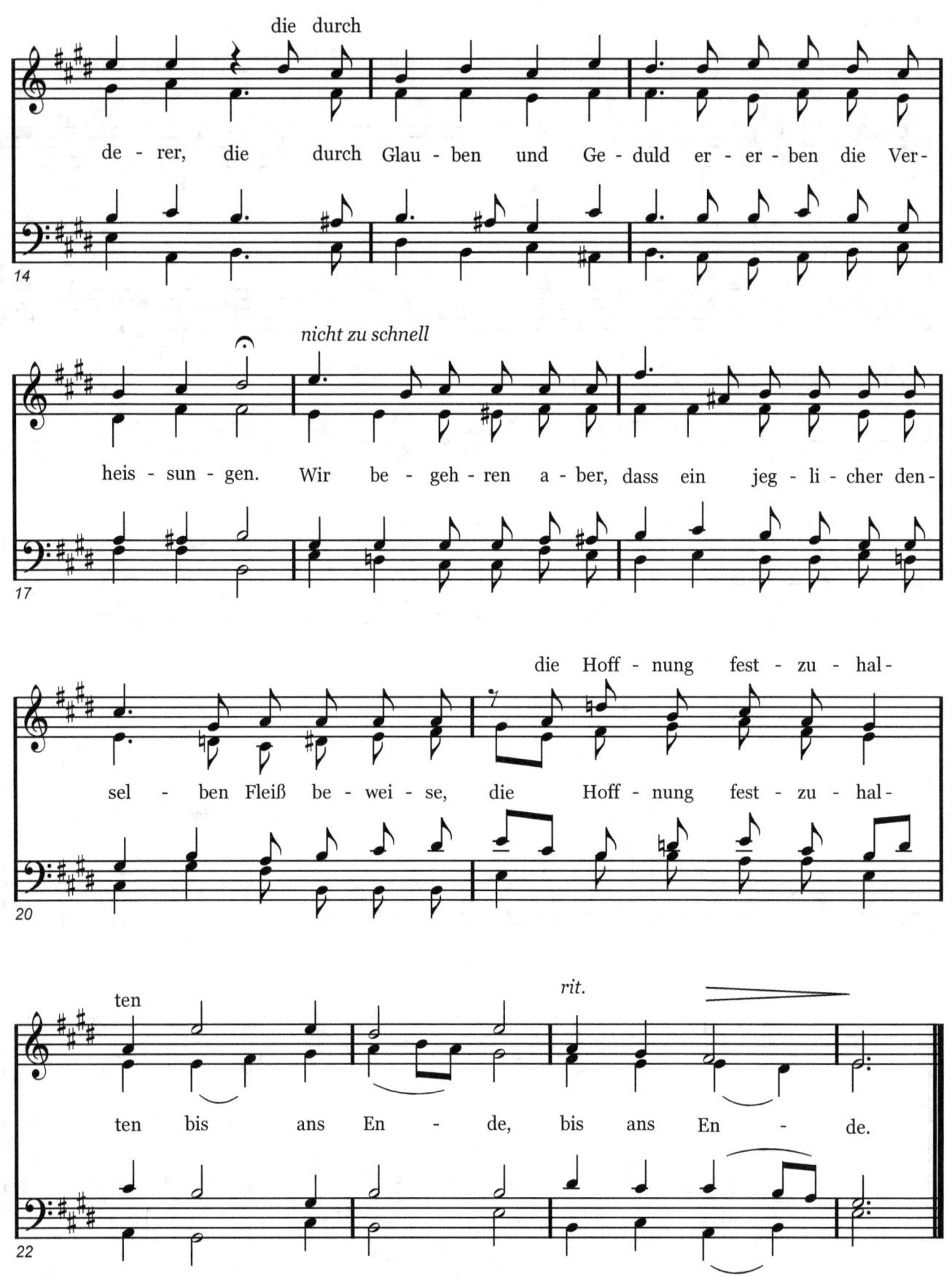

Geh heraus und tritt auf den Berg

nach 1. Könige 19, 11

Gerhard A. Spingath

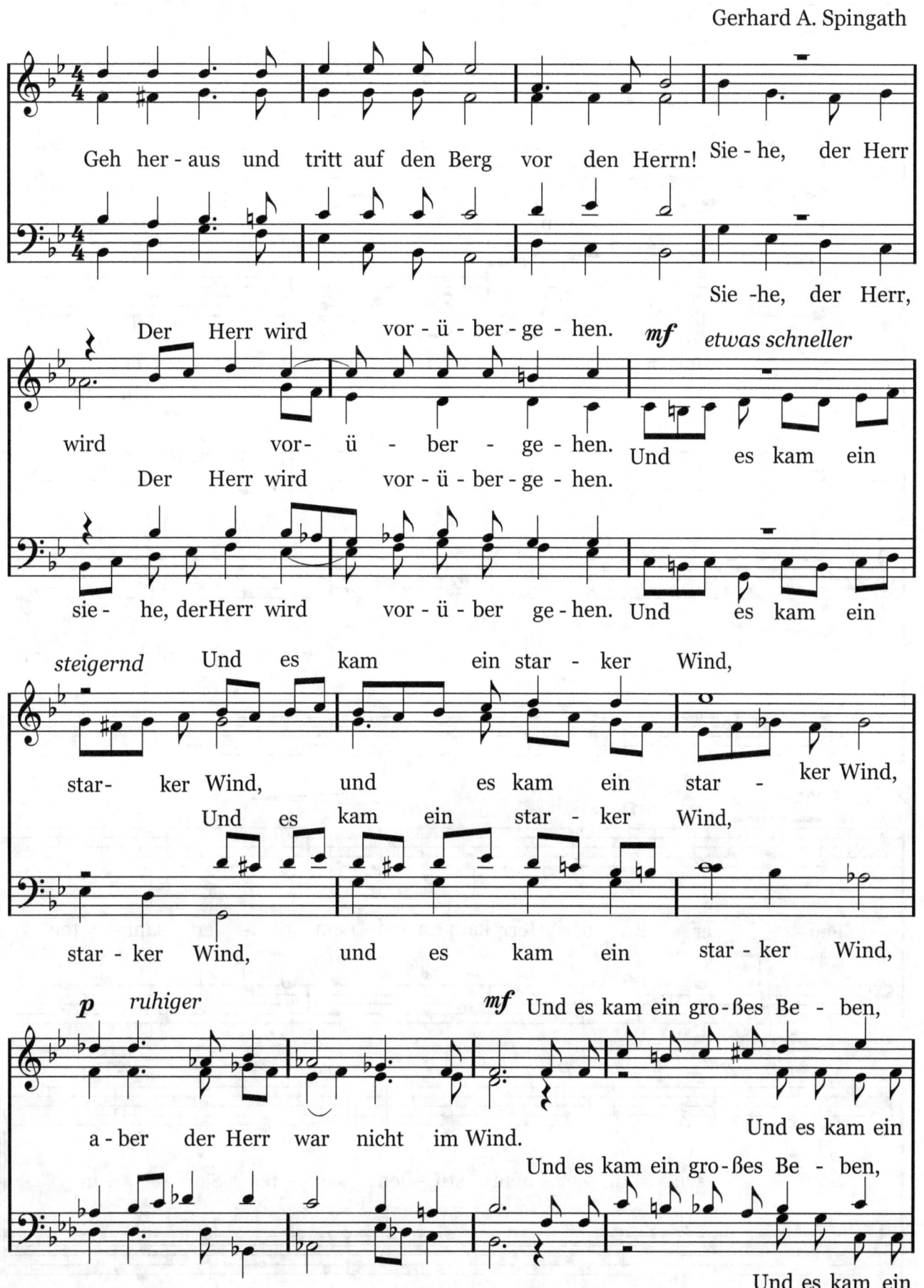

L 454.2

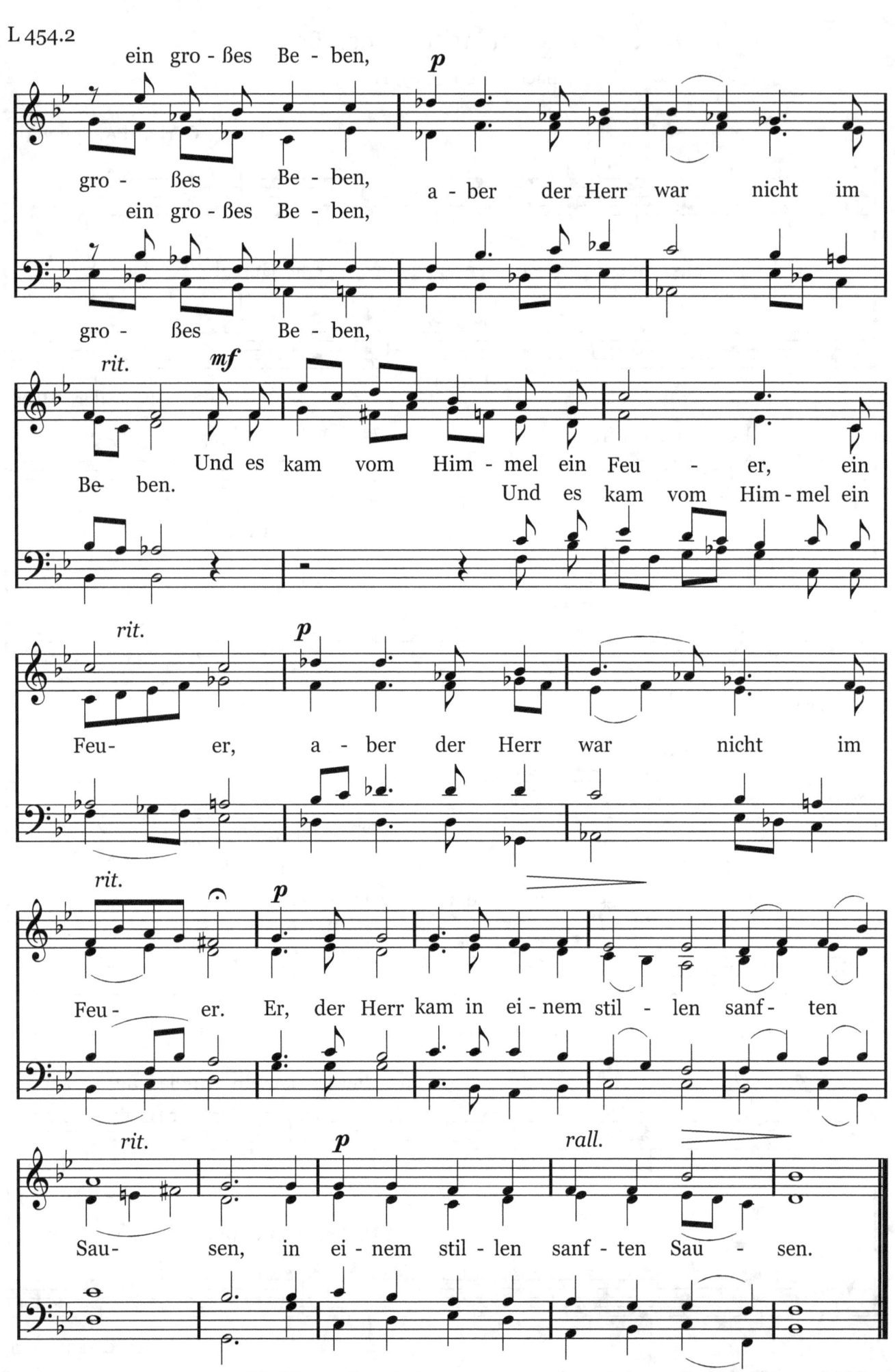

L 454_101213   *Im Anschluß kann das Lied gesungen werden: Geisteswind aus Himmelshöhen*

Geh, früh dich zu erquicken

unbekannt

Gerhard A. Spingath

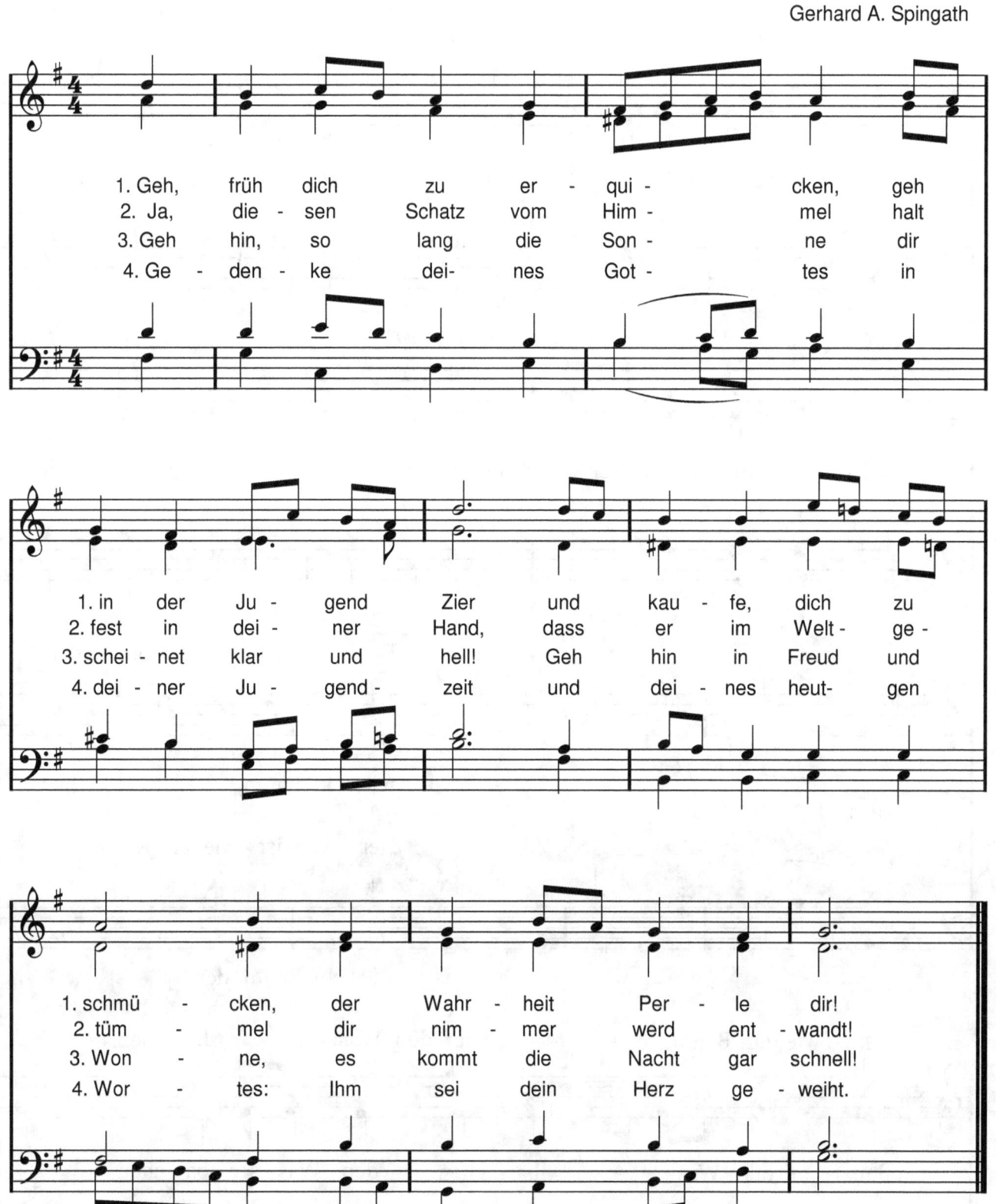

1. Geh, früh dich zu er - qui - cken, geh in der Ju - gend Zier und kau - fe, dich zu schmü - cken, der Wahr - heit Per - le dir!

2. Ja, die - sen Schatz vom Him - mel halt fest in dei - ner Hand, dass er im Welt - ge - tüm - mel dir nim - mer werd ent - wandt!

3. Geh hin, so lang die Son - ne dir schei - net klar und hell! Geh hin in Freud und Won - ne, es kommt die Nacht gar schnell!

4. Ge - den - ke dei - nes Got - tes in dei - ner Ju - gend - zeit und dei - nes heut - gen Wor - tes: Ihm sei dein Herz ge - weiht.

Gesegnet ist der Mann

Jeremia 17, 7 - 8

Gerhard A. Spingath

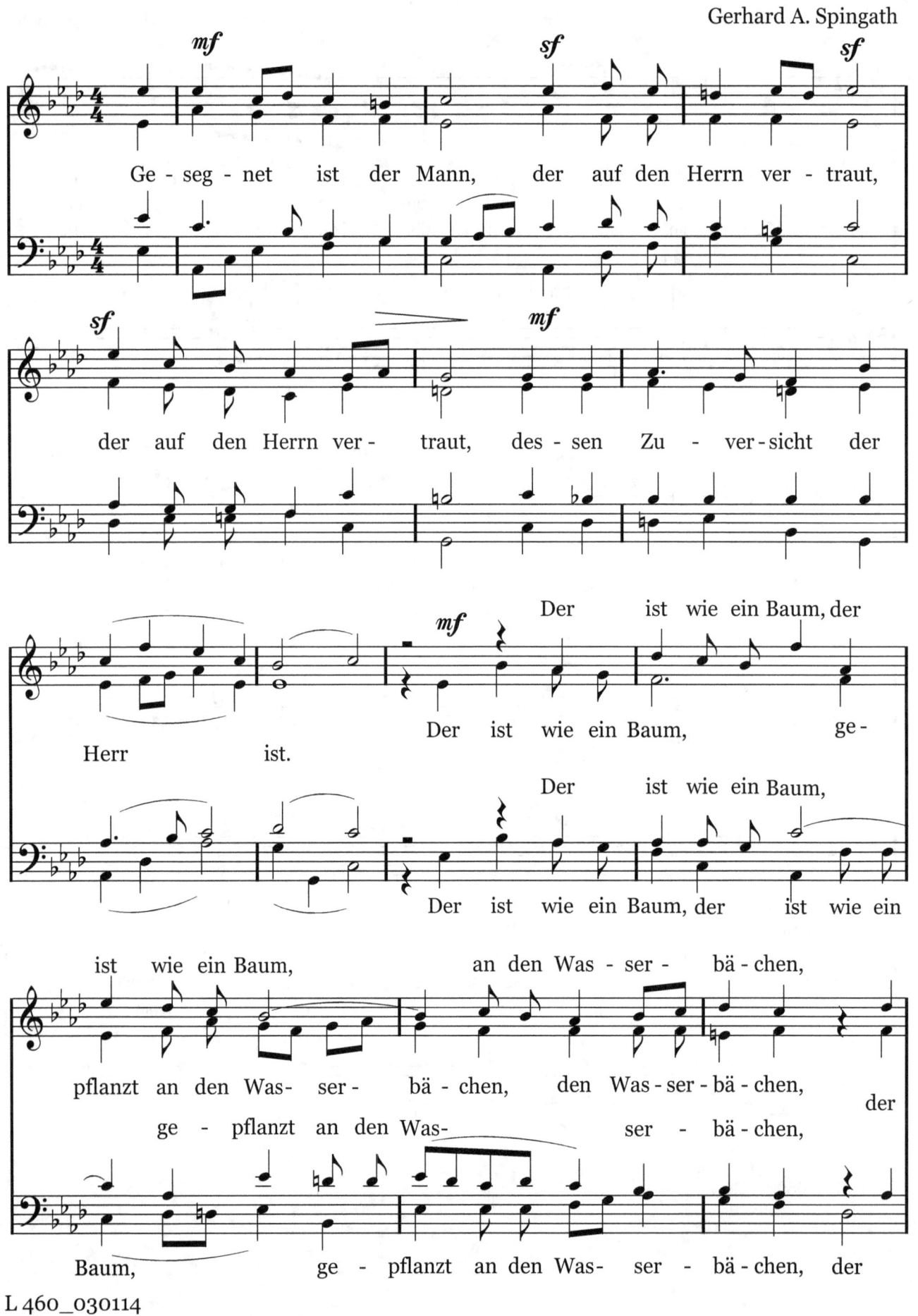

460.2

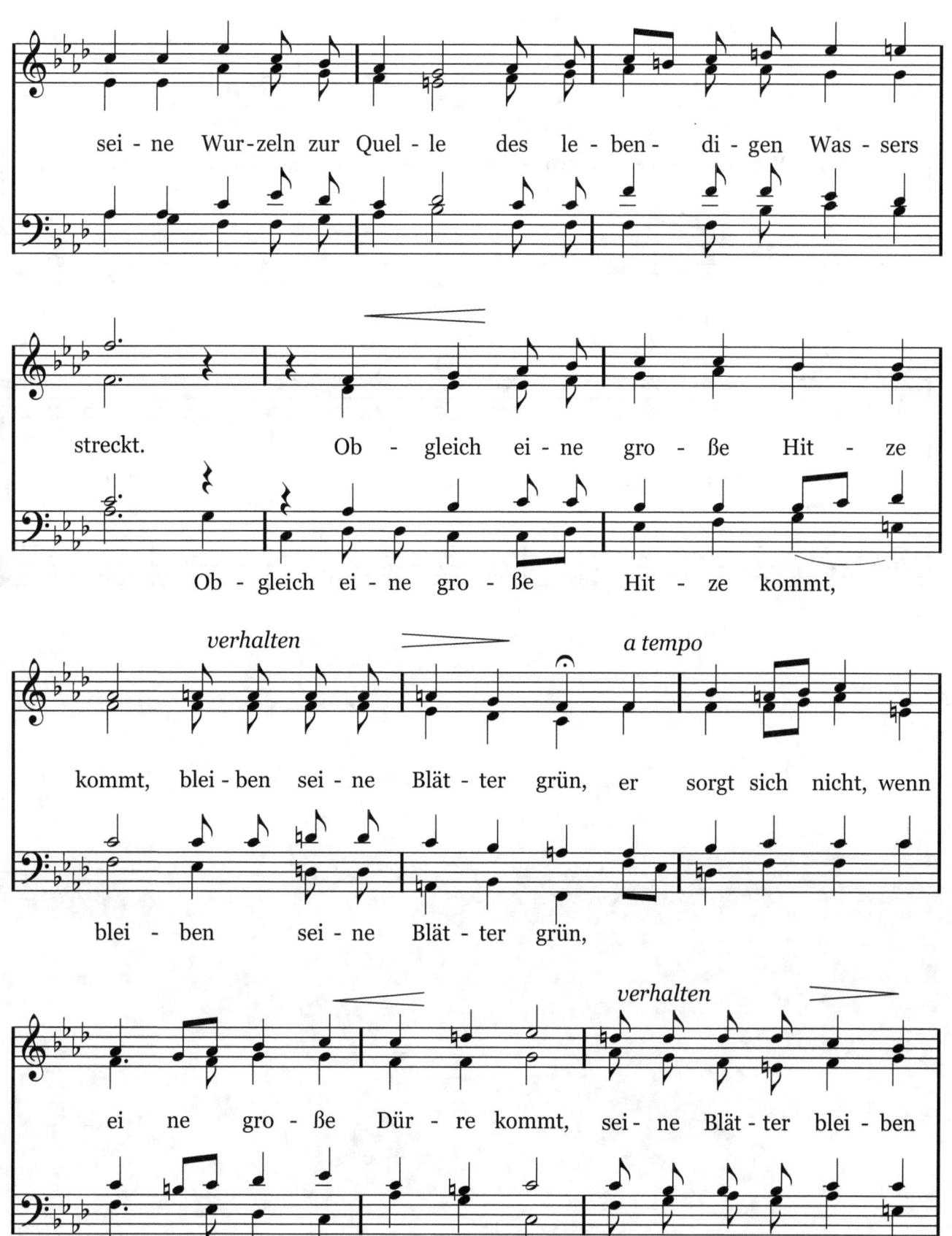

seine Wurzeln zur Quelle des lebendigen Wassers streckt. Obgleich eine große Hitze

Obgleich eine große Hitze kommt,

verhalten *a tempo*

kommt, bleiben seine Blätter grün, er sorgt sich nicht, wenn

bleiben seine Blätter grün,

verhalten

eine große Dürre kommt, seine Blätter bleiben

460.3

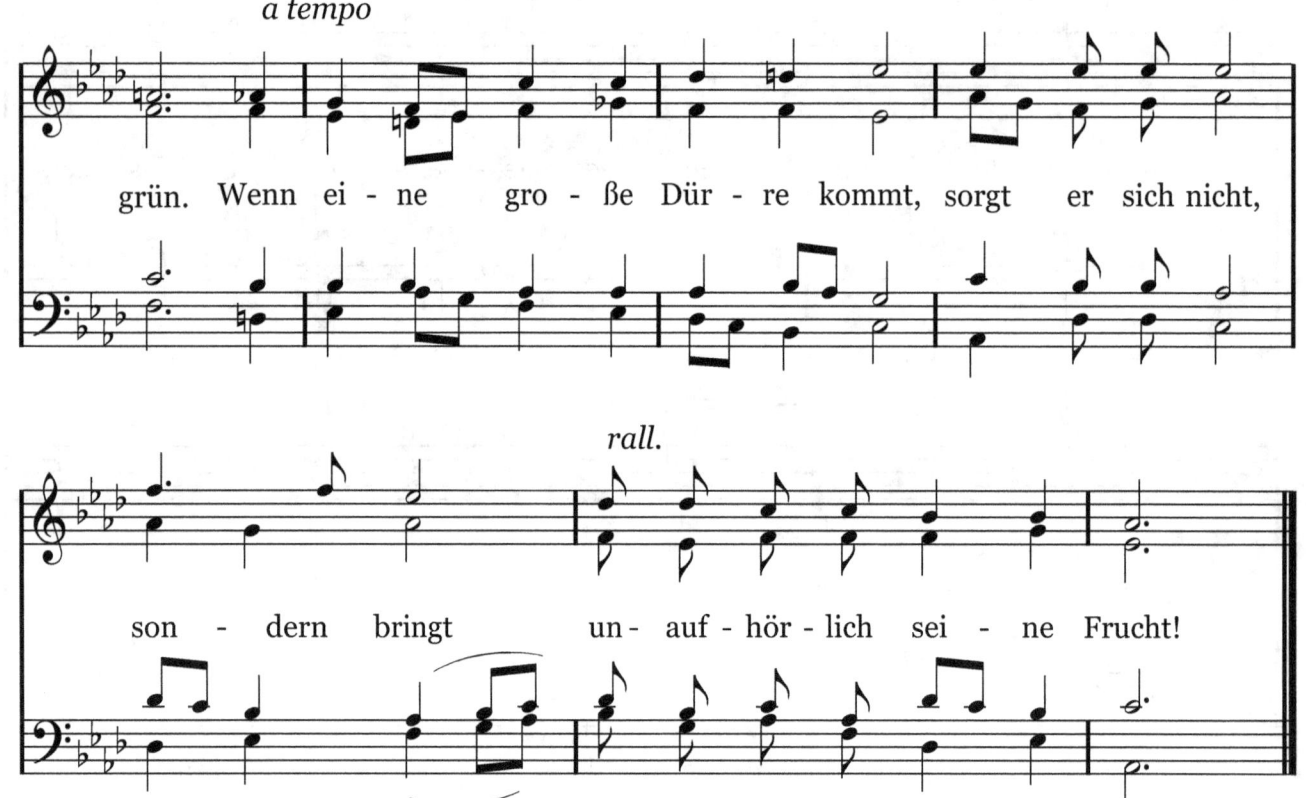

grün. Wenn ei - ne gro - ße Dür - re kommt, sorgt er sich nicht,

son - dern bringt un - auf - hör - lich sei - ne Frucht!

Gnädig und barmherzig ist der Herr

Psalm 145, 8 - 12

Gerhard A. Spingath

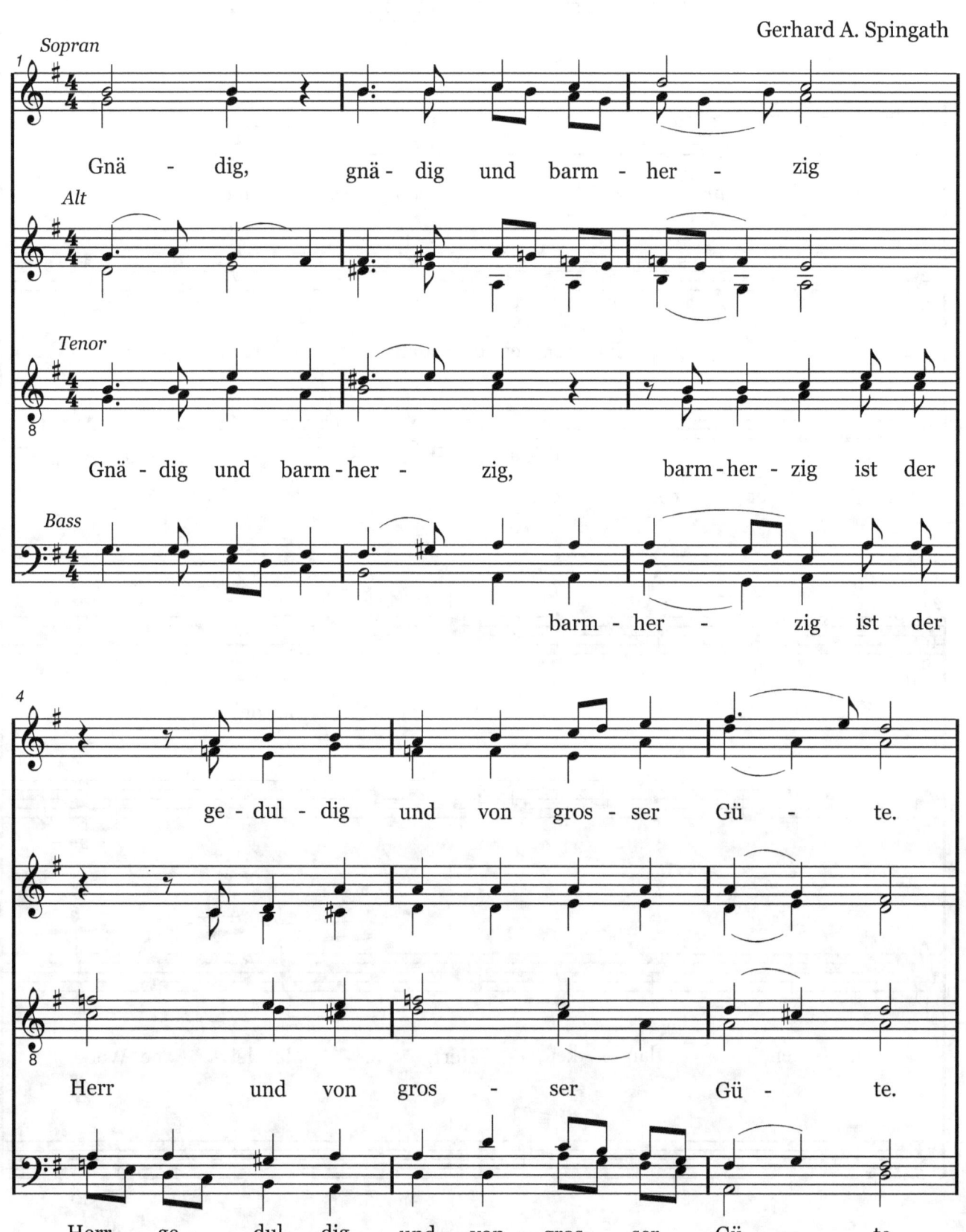

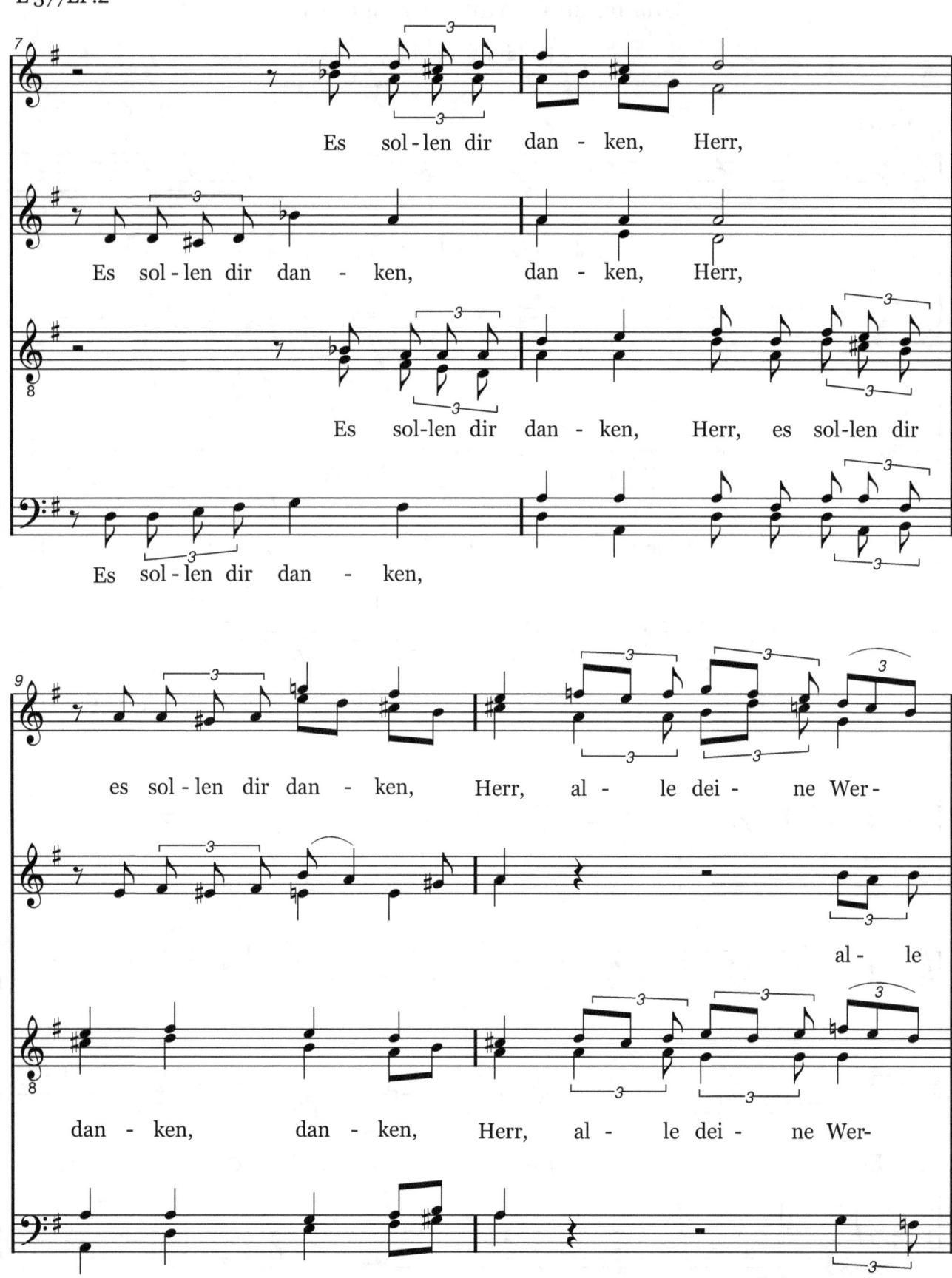

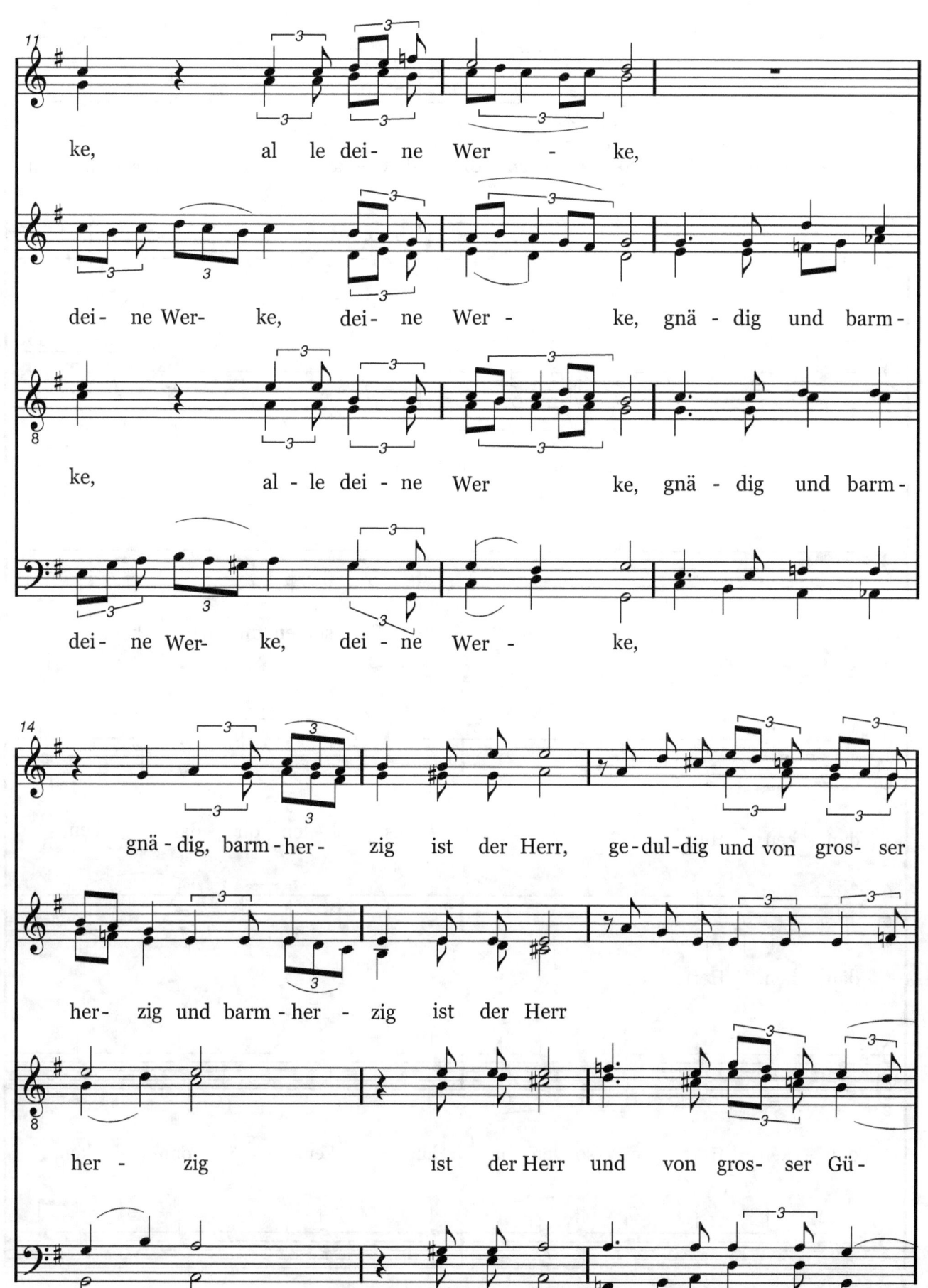

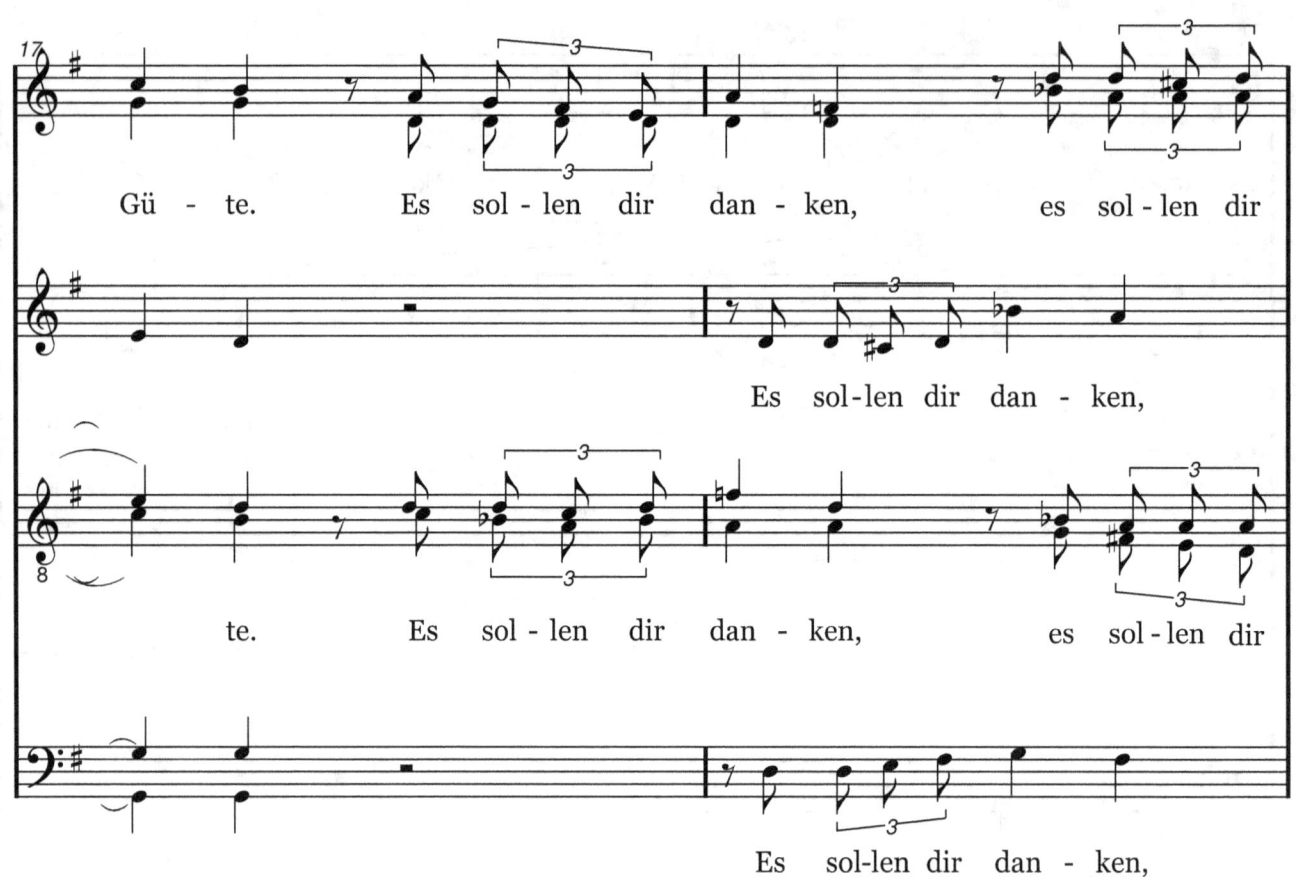

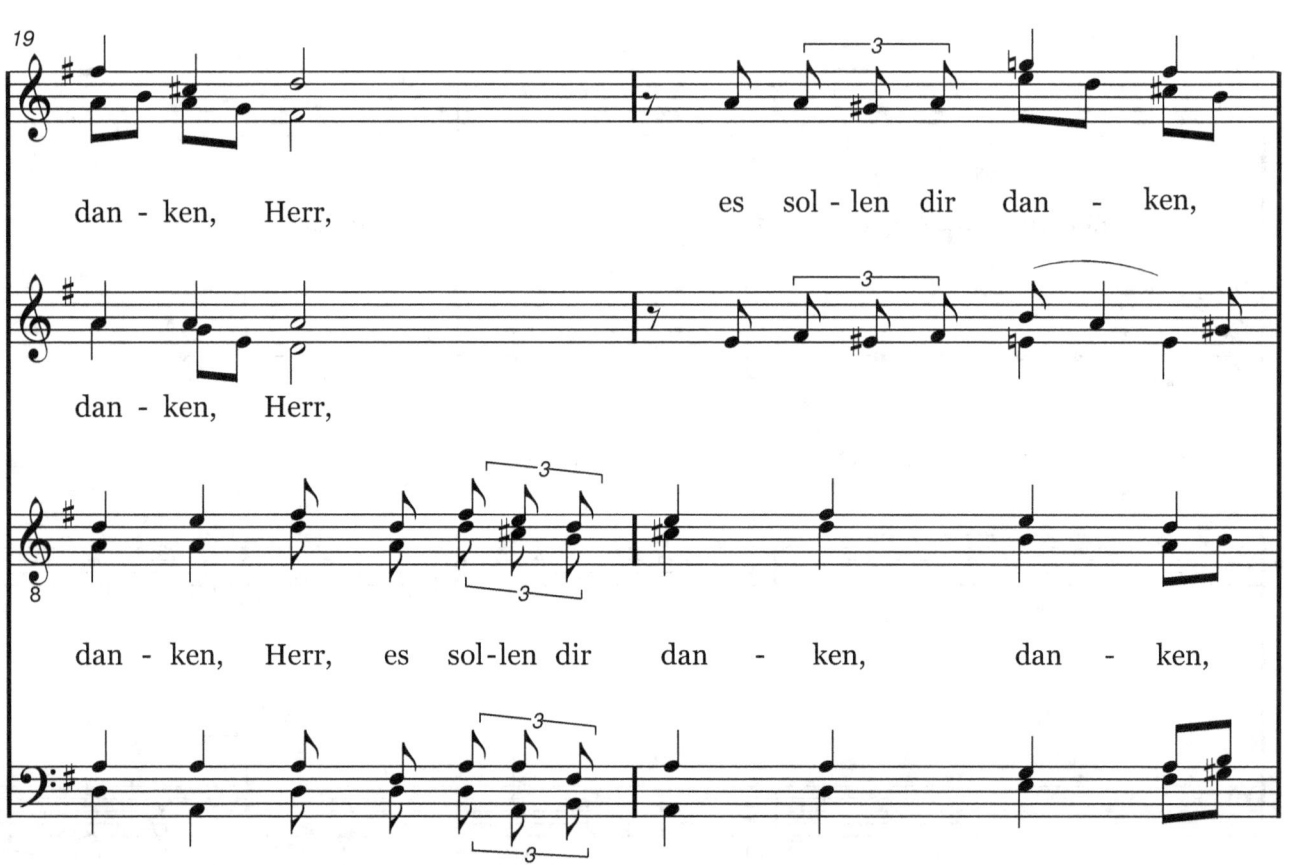

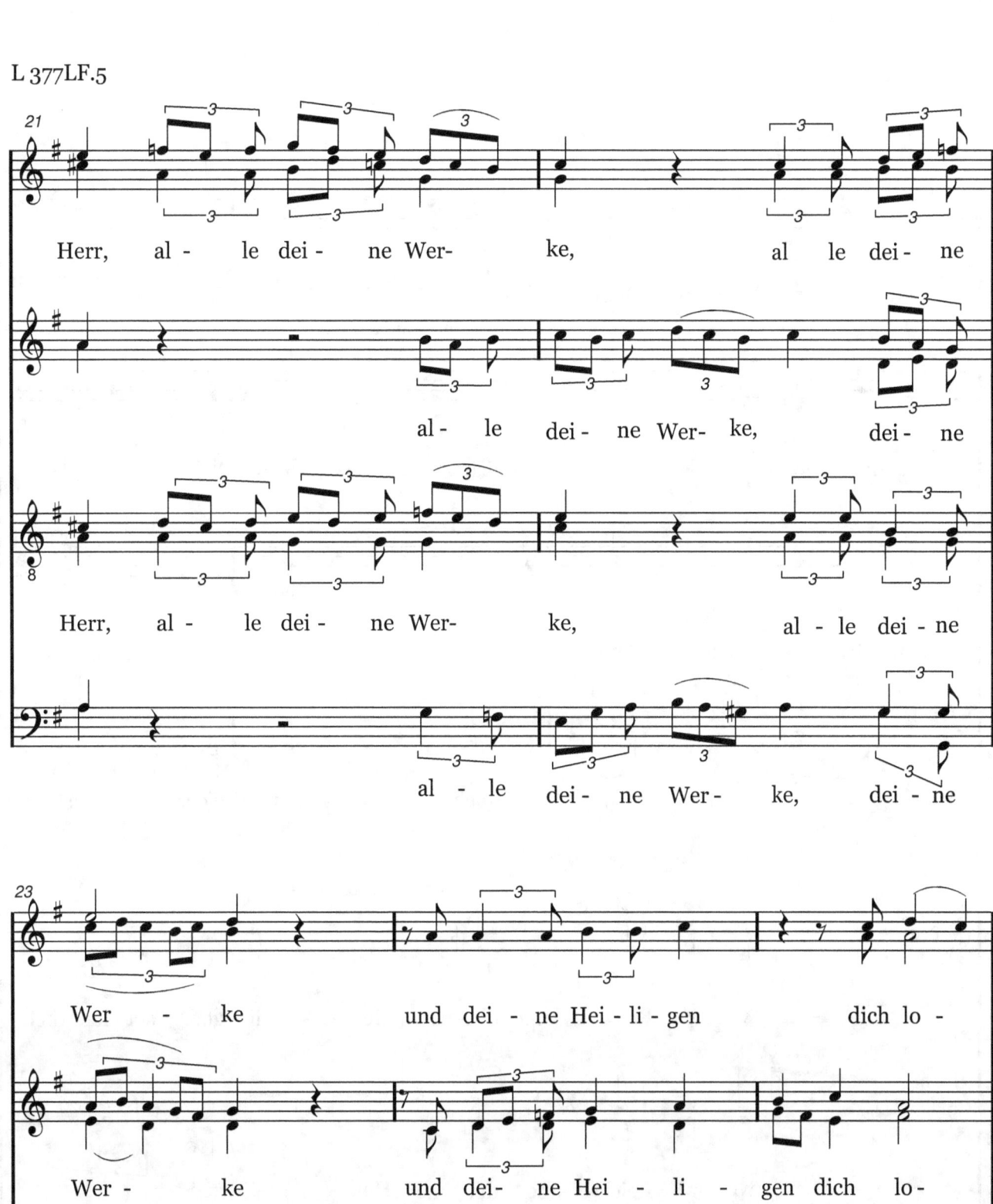

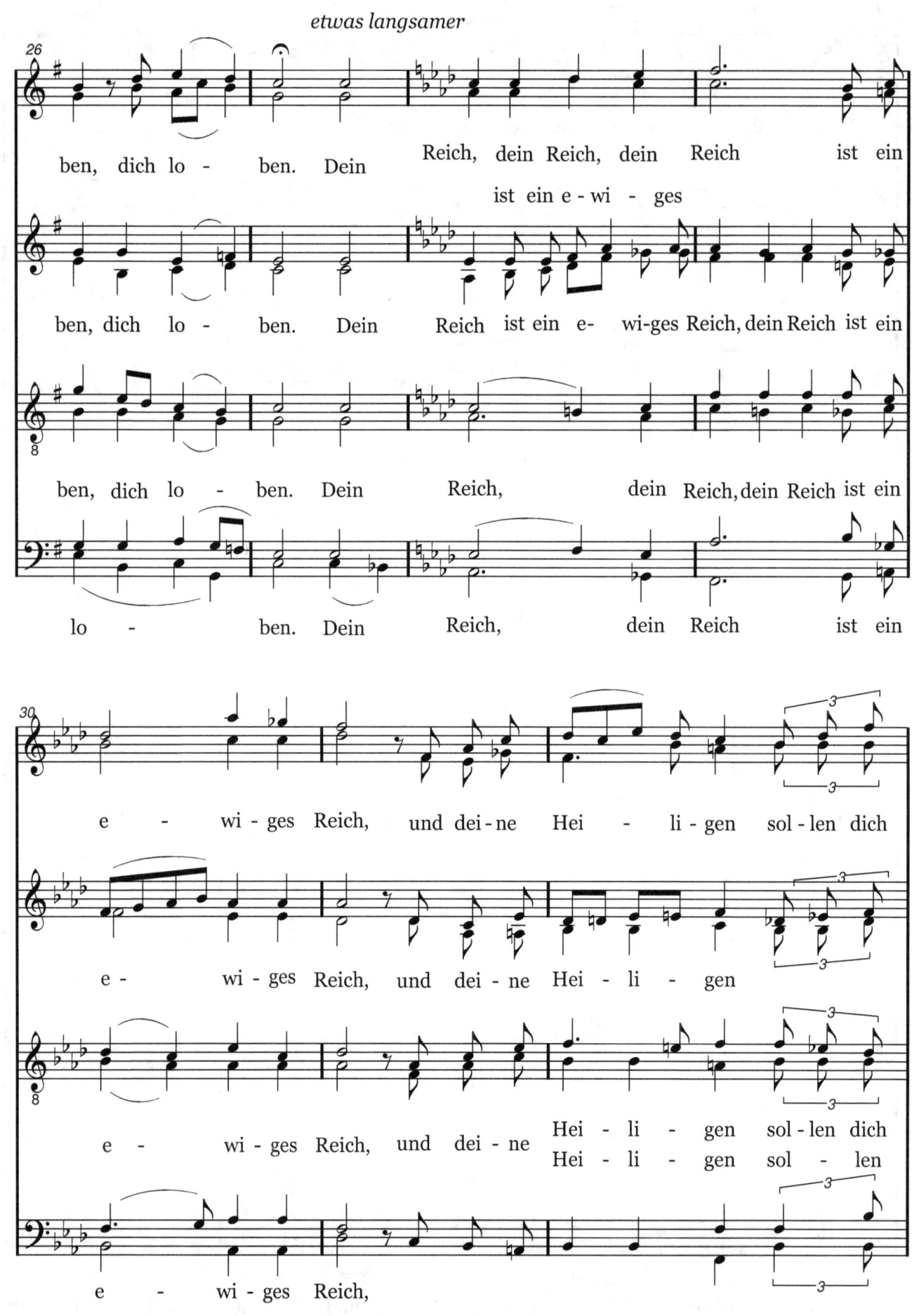

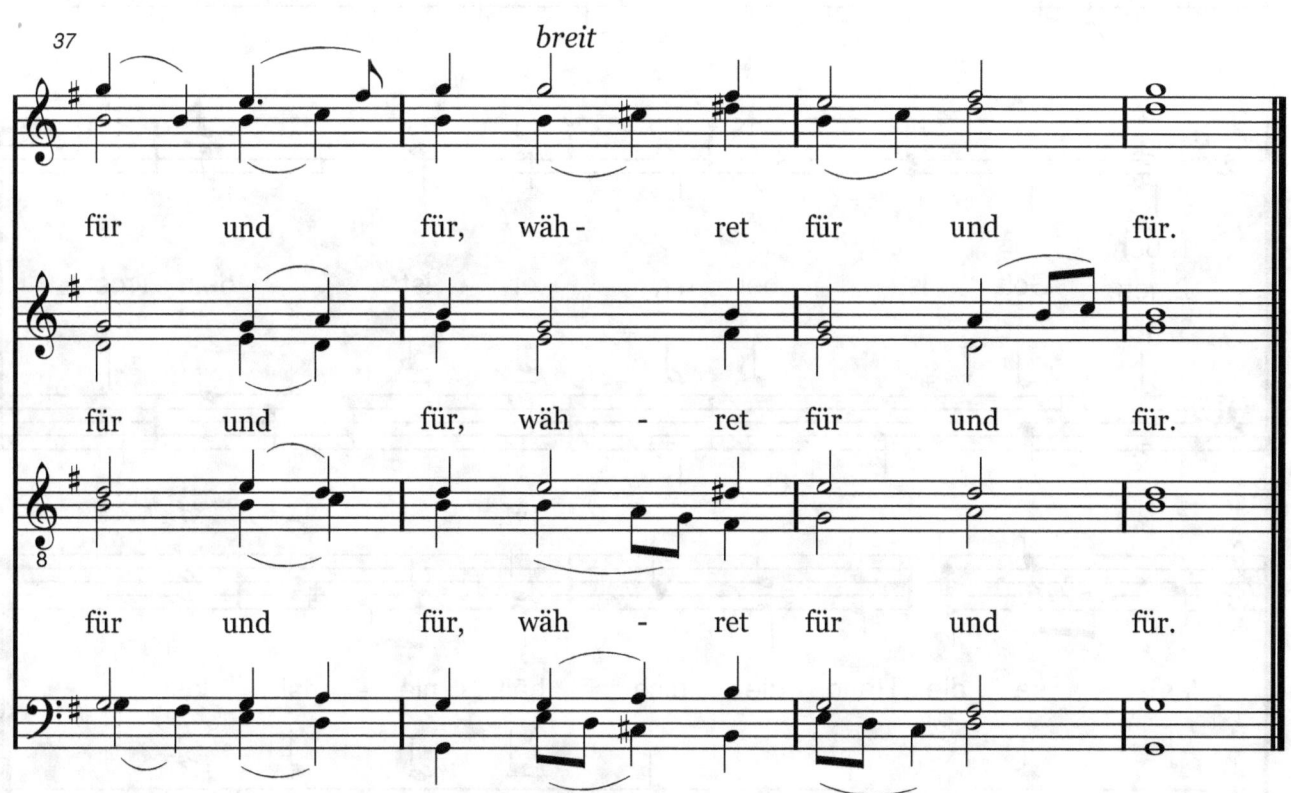

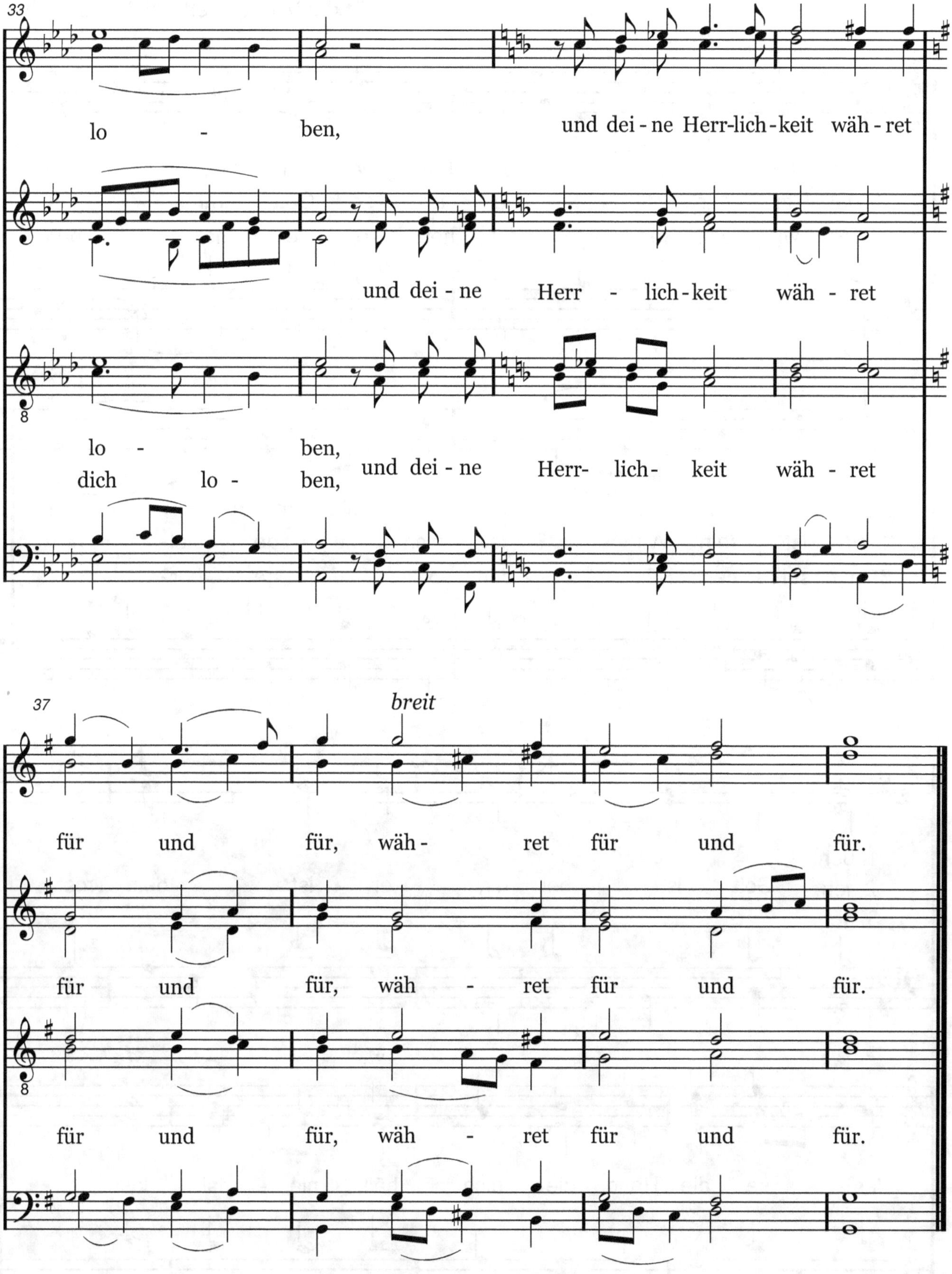

Gott ist dein Trost

Text u.Musik : Gerhard A. Spingath

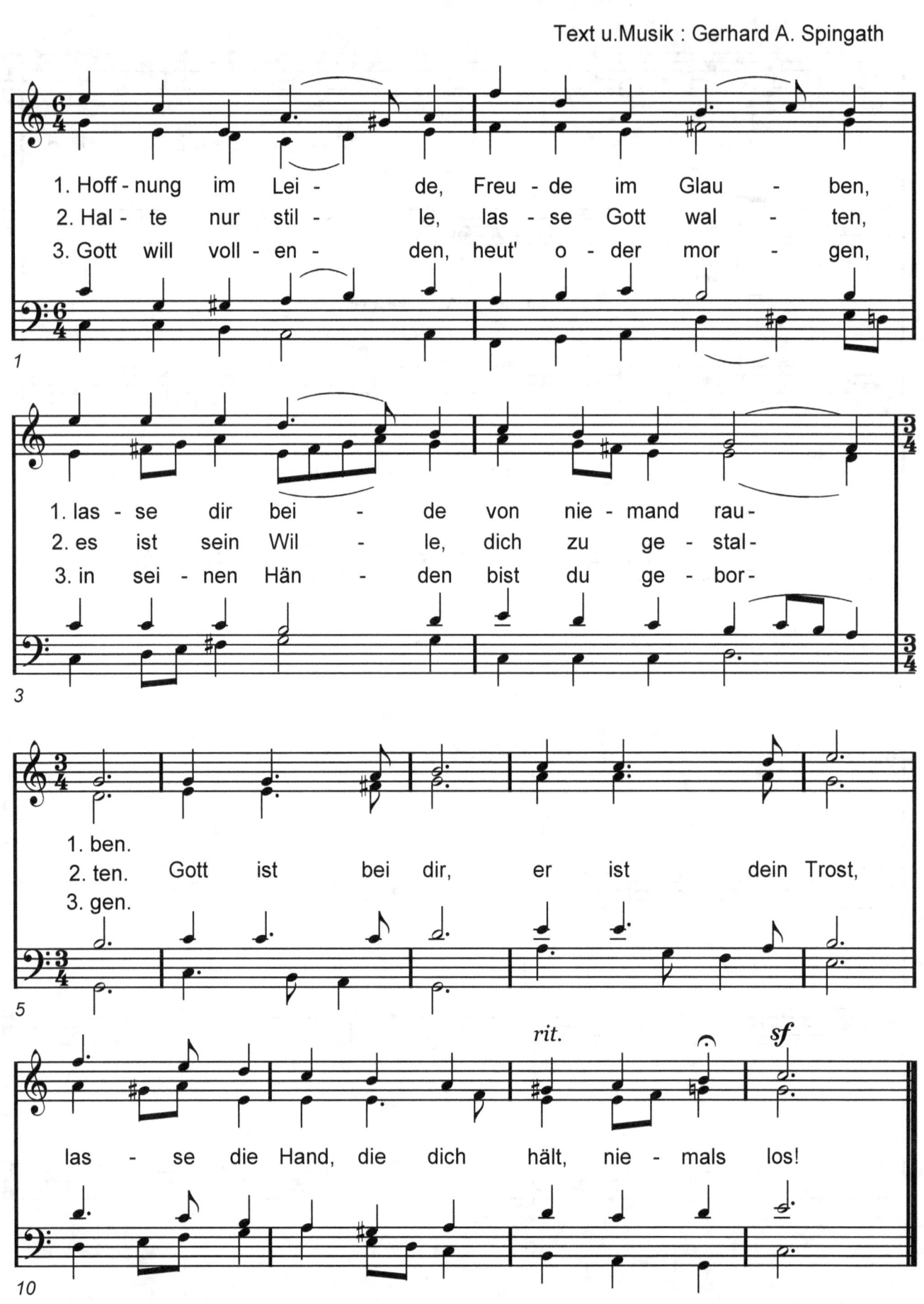

Inhaltsverzeichnis

Geistliche Chorlieder Vol. 1